GUIA PARA
O PODER DO SUBCONSCIENTE

REFLEXÕES PARA TODAS AS SEMANAS DO ANO

GUIA PARA
O PODER DO SUBCONSCIENTE
REFLEXÕES PARA TODAS AS SEMANAS DO ANO

DR. JOSEPH MURPHY

Tradução:
Claudia Gerpe Duarte

4ª edição

Rio de Janeiro | 2024

CIP-BRASIL. CATALOGAÇÃO NA PUBLICAÇÃO
SINDICATO NACIONAL DOS EDITORES DE LIVROS, RJ

M96p
4ª ed.

Murphy, Joseph, 1898-1981
Guia para o poder do subconsciente: reflexões para todas as semanas do ano / Joseph Murphy ; tradução Claudia Gerpe Duarte. – 4ª ed. – Rio de Janeiro: BestSeller, 2024.

Tradução de: 52 weekly affirmations: techniques to unleash the power of your subconscious mind
ISBN 9786557121177

1. Técnicas de autoajuda. 2. Controle da mente. 3. Inconsciente (Psicologia). I. Duarte, Claudia Gerpe. II. Título.

20-66794

CDD: 154.2
CDU: 159.955

Leandra Felix da Cruz Candido – Bibliotecária – CRB-7/6135

Texto revisado segundo o novo Acordo Ortográfico da Língua Portuguesa.

Título original:
52 weekly affirmations: techniques to unleash the power of your subconscious mind

Copyright © 2016 by JMW Group, Inc.
jmwgroup@jmwgroup.net
All rights reserved by JMW Group, Inc.
Exclusive worldwide rights in all languages available only through JMW Group
www.Jmwforlife.com

Copyright da tradução © 2020 by Editora Best Seller Ltda.

Todos os direitos reservados. Proibida a reprodução,
no todo ou em parte, sem autorização prévia por escrito da editora,
sejam quais forem os meios empregados.

Direitos exclusivos de publicação em língua portuguesa para o Brasil
adquiridos pela
Editora Best Seller Ltda.
Rua Argentina, 171, parte, São Cristóvão
Rio de Janeiro, RJ – 20921-380
que se reserva a propriedade literária desta tradução

Impresso no Brasil

ISBN 978-65-5712-117-7

Seja um leitor preferencial Record.
Cadastre-se em www.record.com.br e receba informações sobre
nossos lançamentos e nossas promoções.

Atendimento e venda direta ao leitor
sac@record.com.br

SUMÁRIO

INTRODUÇÃO 7
PARTE I: Os fundamentos da afirmação 9
PARTE II: Afirmações semanais 23
PARTE III: Técnicas adicionais 65
PARTE IV: Libere o poder infinito 83

1. Enriqueça a sua vida 89
2. Estabeleça um padrão para uma vida mais abundante 95
3. Obtenha poder e controle sobre a sua vida 112
4. Libere o poder infinito para favorecer todas as fases da sua vida 125
5. Anteveja o futuro e reconheça a voz da intuição 138
6. Encontre respostas nos sonhos e o significado das experiências fora do corpo 150
7. Resolva problemas e salve vidas por meio do mistério das impressões dos sonhos 162
8. Faça a percepção extrassensorial trabalhar para você 175
9. Utilize o poder secreto do autodomínio 187

10 Viva uma vida gratificante 202
11 Atraia o poder infinito para o seu lado 217
12 Recarregue as suas baterias mentais e espirituais 228
13 Use o poder infinito para guiá-lo de todas
    as maneiras 240
14 Use o poder infinito para curar 250
15 Recorra ao poder infinito do amor e ao seu guia
    matrimonial invisível 259
16 Torne o impossível possível por meio da crença 269
17 Use o poder infinito para relacionamentos
    harmoniosos 280
18 Colha os benefícios de viajar com Deus 291

INTRODUÇÃO

Você tem o incrível potencial de ser, fazer e conquistar o que quer que deseje, imagine e acredite verdadeiramente. É lamentável, contudo, que apenas um pequeno número de pessoas alcance o seu verdadeiro potencial, porque a maioria deixa de reconhecer e aproveitar o poder infinito da mente subconsciente — a divindade que existe dentro e ao redor delas.

O segredo do sucesso não é segredo nenhum. Ele tem sido praticado há milhares de anos. As pessoas mais bem-sucedidas da história não são aquelas que meramente aceitam a realidade que lhes é apresentada, e sim as que imaginam uma melhor e acreditam tão profundamente nela que são capazes de criar uma nova realidade, de alterar o estado em que as coisas existem ao seu redor.

Neste livro, você descobrirá como criar a sua própria realidade por meio do desejo, da imaginação e da crença:

Parte I — Os fundamentos da afirmação: Aqui você descobre como implantar pensamentos na mente subconsciente, para que ela possa começar a fazer milagres e transmutar os seus pensamentos em realidade, muitas vezes com pouco ou nenhum esforço da sua parte.

Parte II — Afirmações semanais: As 52 afirmações semanais habilitam você a melhorar cada aspecto da sua vida, incluindo saúde, riqueza, relacionamentos, casamento e carreira. Cada afirmação semanal é acompanhada por um comentário que a coloca no contexto da vida real, para que você imagine com mais clareza e comece a valorizar a nova realidade que está prestes a vivenciar.

Parte III — Técnicas adicionais: Estas técnicas adicionais possibilitam que você implante pensamentos na mente subconsciente e cristalize a sua visão. Quanto maior a clareza e a nitidez com que você for capaz de imaginar o que você quer, maior a certeza de que o seu desejo se realizará.

Parte IV — Libere o poder infinito: A Parte IV revela os princípios nos quais a prática se baseia e relata histórias verdadeiras de pessoas que resolveram problemas, curaram a si mesmas e a outros, salvaram vidas, melhoraram relacionamentos, alcançaram o sucesso profissional e atraíram a riqueza por meio do poder da afirmação. A Parte IV também revela o papel que a mente subconsciente desempenha nas experiências fora do corpo, na percepção extrassensorial, na telepatia mental, na clarividência, na precognição, na visão remota e em outros poderes psíquicos.

Este livro é o seu guia pessoal para uma vida mais feliz, saudável e gratificante. Ao seguir as orientações que ele oferece, você pode deixar de passar pela vida como vítima das circunstâncias e se tornar o senhor do seu destino. Você vai aprender a utilizar o poder da mente e os infinitos recursos que o cercam para ser, fazer e receber tudo o que desejar, imaginar e acreditar.

PARTE I   OS FUNDAMENTOS DA AFIRMAÇÃO

Por que uma pessoa é triste e outra feliz? Por que uma pessoa é jovial e próspera e outra pobre e miserável? Por que uma pessoa é medrosa e ansiosa e outra repleta de fé e confiança? Por que uma pessoa mora em uma casa bonita e luxuosa enquanto outra luta por uma existência modesta? Por que uma pessoa é um grande sucesso e outra um terrível fracasso? Por que um palestrante é magnífico e imensamente popular e outro medíocre e impopular? Por que uma pessoa é um gênio na sua área de conhecimento enquanto outra se esforça a vida inteira sem fazer ou realizar qualquer coisa importante? Por que uma pessoa se cura de uma doença supostamente incurável e outra não? Por que tantas pessoas bondosas e religiosas sofrem as torturas dos amaldiçoados na mente e no corpo? Por que tantos indivíduos imorais e sem religião são bem-sucedidos, prosperam e desfrutam de uma saúde radiante? Por que uma pessoa é casada e feliz enquanto a sua irmã é extremamente infeliz e frustrada?

Encontramos a resposta para todas essas perguntas no funcionamento das mentes consciente e subconsciente. Por meio da mente consciente, você pode reprogramar a mente subconsciente para pensar de maneira positiva. O poder da mente subconsciente pode, então, eliminar a confusão, a angústia, a melancolia e o fracasso e conduzir você ao seu verdadeiro lugar, resolver as suas dificuldades, afastá-lo da dependência física e emocional e colocá-lo na estrada real em direção à liberdade, felicidade, saúde, riqueza e paz de espírito. Ao aprender a usar os seus poderes interiores, você descobrirá como criar a realidade que imagina.

A MENTE CONSCIENTE E A MENTE SUBCONSCIENTE

A sua mente tem dois níveis: o nível consciente (racional) e o nível subconsciente (criativo/intuitivo). Você pensa e raciocina com a mente consciente, e o que quer que você pense habitualmente penetra na mente subconsciente, que é criada de acordo com a natureza dos seus pensamentos. A mente subconsciente é a sede das emoções, responsável pela sua criatividade. Se você tem bons pensamentos, coisas boas acontecerão; se você tem maus pensamentos, coisas ruins acontecerão. É assim que a sua mente funciona.

O principal ponto a ser lembrado é que, uma vez que a mente subconsciente aceita uma ideia, ela começa a executá-la. Uma verdade sutil e interessante é que a lei da mente subconsciente funciona tanto para as ideias boas quanto para as más. Essa lei, quando aplicada de maneira negativa, é a causa do fracasso, da frustração e da infelicidade. No entanto, quando o seu modo de pensar habitual é harmonioso e construtivo, você experimenta uma saúde perfeita, sucesso e prosperidade. O que quer que você reivindique mentalmente e sinta que é verdade, a sua mente subconsciente aceitará e produzirá na sua experiência. A mente consciente dá a ordem ou o comando, e a mente subconsciente formula e executa fielmente um plano para fazer que a sua vontade seja cumprida.

A lei da mente é a seguinte: você obterá uma reação ou resposta da mente subconsciente compatível com a natureza do pensamento ou ideia que alimenta na mente consciente.

Psicólogos e psiquiatras ressaltam que, quando pensamentos são transmitidos para a mente consciente, são feitas impressões nas células cerebrais. Assim que o subconsciente aceita qualquer ideia, ele se põe a colocá-la imediatamente em prática. O subconsciente trabalha por associação de ideias, e usa cada parcela de conhecimento que você reuniu na vida para promover esse propósito. Ele recorre ao poder infinito, à energia e à sabedoria existentes dentro de você. Agrega todas as leis da natureza para alcançar os objetivos dele. Às vezes, o subconsciente parece produzir uma solução imediata para as suas dificuldades, mas em outras ocasiões isso pode levar dias, semanas ou até mais tempo. Os métodos dele estão além da compreensão humana.

Por intermédio da sabedoria da mente subconsciente, você pode atrair o companheiro ideal, bem como o sócio ou colaborador adequado. Ela pode encontrar o comprador perfeito para a sua casa e lhe proporcionar todo o dinheiro que você precisa, bem como a liberdade financeira de ser, fazer, ir e vir de acordo com os seus desejos.

Já vi o poder da mente subconsciente retirar pessoas do estado de invalidez, tornando-as novamente sadias, vigorosas e fortes, livres para interagir com o mundo e experimentar a felicidade, a saúde e uma expressão jubilosa. Há um milagroso poder restaurador no seu subconsciente, capaz de curar a mente perturbada e o coração partido. Ele pode abrir a porta da prisão da mente e libertar você. Ele tem o poder de livrá-lo de todos os tipos de dependência física e material.

COMO FUNCIONAM AS AFIRMAÇÕES

A afirmação é uma declaração de que uma coisa existe ou é verdadeira. Encare a sua mente como um jardim. Você é o jardineiro, e as afirmações são as sementes (pensamentos) que você planta conscientemente no solo da mente subconsciente. O que quer que você semeie na mente subconsciente, você colherá no seu corpo e no ambiente. Por esse motivo, é fundamental que você projete imagens positivas na tela da sua mente, acreditando piamente que essas imagens correspondem à sua realidade no aqui e agora.

Comece agora mesmo a semear pensamentos de paz, felicidade, ação correta, boa vontade e prosperidade. Pense com tranquilidade e interesse nessas qualidades e aceite-as plenamente na mente consciente e racional, onde elas, com o tempo, serão transmitidas para a mente subconsciente. Continue a plantar essas maravilhosas sementes (afirmações) no jardim da sua mente, e a colheita será gloriosa.

Quando a sua mente pensa da forma correta, quando você percebe a verdade, quando os pensamentos depositados na mente subconsciente são construtivos, harmoniosos e pacíficos, o poder mágico do subconsciente responde e produz condições harmoniosas, um ambiente agradável e o melhor de tudo o que existe. Quando você começar a controlar os seus processos de pensamento, poderá aplicar os poderes da mente subconsciente a qualquer problema ou dificuldade. Em outras palavras, você estará cooperando conscientemente com o poder infinito e a lei onipotente que governa todas as coisas, e que está dentro de você e ao seu redor.

UMA PRÁTICA INDEPENDENTE DA FÉ RELIGIOSA

Embora o poder da mente subconsciente se baseie na crença, ele independe da fé religiosa. Ele já existia antes que você e eu nascêssemos, antes que qualquer igreja ou mundo existisse. As grandes verdades eternas e princípios da vida antecedem todas as religiões. É com esses pensamentos em mente que o encorajo a abraçar esse maravilhoso poder mágico e transformador, que envolverá as feridas mentais e físicas, proclamará liberdade para a mente dominada pelo medo e o livrará completamente das limitações da pobreza, do fracasso, da privação, da carência e da frustração. Tudo o que você tem a fazer é se unir mental e emocionalmente ao bem que deseja personificar, e os poderes criativos do seu subconsciente responderão de forma compatível. Comece agora, hoje. Deixe que maravilhas aconteçam na sua vida!

A lei da vida é a lei da crença, e a crença pode ser brevemente resumida como um pensamento na mente. A condição da mente, do corpo e das circunstâncias da vida de uma pessoa corresponde à maneira como ela pensa, sente e acredita. Uma técnica, uma metodologia baseada no entendimento do que você está fazendo e do motivo de estar fazendo o ajudará a produzir uma materialização subconsciente de todas as coisas boas da vida. Em essência, a prece atendida é a realização do seu desejo, independentemente da crença religiosa. Budistas, cristãos, muçulmanos e judeus podem obter respostas para as suas preces, não por causa do credo, religião, afiliação, ritual, cerimônia, fórmula, liturgia, encantamentos, sacrifícios ou oferendas particulares, mas apenas devido à crença ou receptividade e aceitação mental quanto àquilo pelo que rezam. Até mesmo um agnóstico que tenha um desejo intenso de conseguir uma coisa e acredita verdadeiramente que a receberá verá esse desejo realizado.

Embora as afirmações neste livro possam usar a palavra "Deus", fique à vontade para substituí-la por aquela que reflita com mais clareza a sua crença, como "Alá", "Jeová", "Brahma", "Senhor", "Todo-Poderoso", "Ser Supremo", "Espírito Santo", "Tao", "Grande Espírito" ou "a força". De acordo com Joseph Murphy, "Deus não é uma pessoa, mas sim uma presença e poder impessoais — uma vida infinita e uma inteligência infinita". Para Murphy, fazer uma prece equivale a recitar uma afirmação com sentimento e convicção.

O PODER E A NECESSIDADE DA CRENÇA

A lei da mente é a lei da crença. Isso significa acreditar na maneira como a sua mente funciona, acreditar na crença em si. A crença da sua mente é o pensamento da sua mente — isso é simples, apenas isso e nada mais. Assim como a força intangível do amor é capaz de atrair uma alma gêmea, o poder intangível da crença também pode proporcionar saúde, riqueza, sabedoria e uma vida gratificante.

Todas as suas experiências, eventos, condições e ações representam as reações da mente subconsciente aos seus pensamentos. Lembre-se de que não é a coisa em que você acredita, mas a crença na sua mente que produz o resultado.

Pare de acreditar nas falsas crenças, opiniões, superstições e receios da humanidade. Comece a crer nas verdades eternas e nas veracidades da vida que nunca mudam. Qualquer um que ler este livro e aplicar os princípios da mente subconsciente nele apresentados será capaz de invocar o bem para si mesmo e para os outros. A palavra se torna carne, os pensamentos assumem forma, de acordo com a lei universal da ação e reação. O pensamento é ação incipiente. A reação é a resposta da mente subconsciente que corresponde à natureza do pensamento. Ocupe a mente com conceitos de harmonia, saúde, paz e boa vontade, e maravilhas acontecerão na sua vida.

DESENVOLVA A CRENÇA POR MEIO DE AFIRMAÇÕES

A crença pode ser adquirida de várias maneiras, dentre elas as quatro descritas a seguir:

Experiência: Por meio da experiência ou da percepção você sabe que uma coisa ou condição existe. Você sabe, por exemplo, que o fogo é quente.

Razão: Pela razão você chega à conclusão de que algo existe ou funciona de certa maneira. Por exemplo, a maioria das pessoas acredita que a evolução é uma seleção natural, porque ela apresenta uma explicação razoável para a diversidade de formas de vida na Terra.

Fé: Por meio de um "salto de fé", da graça ou de algum outro fenômeno inexplicável, você simplesmente acredita no que está além da percepção e da razão.

Afirmações ou sugestões: Pela sugestão ou autossugestão, você passa a acreditar que algo acontece de certa maneira ou que determinado resultado é inevitável. A hipnose fornece um exemplo do poder da sugestão. Com a atividade da mente consciente suspensa, a mente subconsciente se torna muito mais receptiva à sugestão. No entanto, mesmo na ausência da hipnose, afirmações e sugestões repetidas podem implantar uma crença na mente subconsciente.

PONHA AS AFIRMAÇÕES EM PRÁTICA

A eficácia de uma afirmação é em grande medida determinada pela sua interpretação da verdade e do significado por trás das palavras; a afirmação é o reconhecimento de uma verdade universal. Consequentemente, o poder da afirmação reside na aplicação inteligente de elementos positivos. Por exemplo, um menino soma três mais três e escreve sete no quadro-negro. A professora afirma com certeza matemática que a soma de três mais três é seis; por conseguinte, o menino altera os números de forma correspondente. A declaração da professora não fez com que a soma de três mais três se tornasse seis, porque essa já era uma verdade matemática. A verdade matemática levou o menino a modificar os números no quadro-negro.

É anormal estar doente; é normal ser saudável. A saúde é a verdade do seu ser. Quando você afirma saúde, paz e harmonia para si mesmo ou para outra pessoa, e compreende que esses são princípios universais do seu ser, você substitui os padrões negativos do seu subconsciente por um padrão positivo que está em sintonia com a verdade universal da existência saudável.

O resultado do processo afirmativo depende de os pensamentos estarem de acordo com os princípios da vida, independentemente das aparências. Considere por um momento que existe o princípio da matemática, mas não existe o do erro; o princípio da verdade, mas não o da falsidade; o princípio da inteligência, mas não o da ignorância; o princípio da harmonia, mas não o da discórdia; o princípio da saúde, mas não o da doença; o princípio da abundância, mas não o da pobreza.

Usei o método afirmativo em minha irmã, que ia ser operada para a remoção de cálculos biliares em um hospital da Inglaterra. O distúrbio se baseou no diagnóstico de exames hospitalares e nos procedimentos habituais de raio X. Ela me pediu para rezar por ela. Estávamos separados geograficamente por cerca de 10.400 quilômetros, mas não existe tempo ou espaço no princípio da mente. A mente ou inteligência infinita está simultaneamente presente, na sua totalidade, em cada ponto. Retirei por completo todos os pensamentos da contemplação dos sintomas e da personalidade corporal e fiz a seguinte afirmação:

> Esta prece é para a minha irmã Catherine. Ela está tranquila e relaxada, equilibrada, calma e serena. A inteligência revigorante da sua mente subconsciente, que criou o seu corpo, está agora transformando todas as células, nervos, tecidos, músculos e ossos do seu corpo de acordo com o perfeito padrão de todos os órgãos contido na sua mente subconsciente. Todos os padrões de pensamento na sua mente subconsciente são removidos e dissolvidos tranquilamente e em silêncio, e a vitalidade, plenitude e beleza do princípio vital se manifestam em cada átomo do seu ser. Ela está agora aberta e receptiva às correntes de cura, que circulam através dela como um rio, devolvendo-lhe uma perfeita saúde, paz e harmonia. Todas as distorções e imagens desagradáveis são agora removidas pelo oceano infinito de amor e paz que flui através de Catherine. Que assim seja.

Repeti essa afirmação várias vezes por dia e, ao final de duas semanas, minha irmã fez um exame que revelou uma cura extraordinária. O resultado do raio X foi negativo.

Fazer uma afirmação equivale a declarar que assim seja, e, quando você sustenta essa atitude mental como verdadeira, independentemente de todas as evidências em contrário, o que quer que você afirme se tornará realidade.

SUGESTÕES PARA MELHORAR OS RESULTADOS

O que vem a seguir são as 52 afirmações semanais. Para otimizar o poder dessas afirmações e o da sua mente subconsciente, recomendo o seguinte:

- Afixe uma cópia da afirmação onde você possa vê-la ao longo do dia — talvez na parte inferior do monitor do seu computador, em uma parede perto da sua escrivaninha ou na porta da geladeira.
- Relaxe e silencie a mente antes de ler ou recitar a afirmação, para que a mente se torne receptiva. Um cômodo escuro e tranquilo é mais propício ao estado meditativo que torna a mente receptiva a afirmações. Recitar a afirmação quando estiver pegando no sono é uma técnica eficaz, porque nesse momento a mente consciente é menos capaz de rejeitá-la. (Se você conseguir decorar a afirmação, mantenha os olhos delicadamente fechados enquanto a recita para remover todas as distrações visuais.)
- Recite a afirmação em voz alta, se possível, ou faça soar as palavras na sua cabeça. Ouvir as palavras reforçará a impressão na mente subconsciente.
- Enquanto lê ou recita a afirmação, pense atentamente no significado dela. Não repita meramente as palavras.
- Concentre-se nos aspectos positivos e não dê nenhuma atenção aos negativos. No caso de uma doença, por exem-

plo, pense em restabelecer a saúde e não em curar a doença, porque qualquer pensamento ou menção ao distúrbio tem o resultado de confirmar a doença e os sintomas que a acompanham. Do mesmo modo, pense na riqueza e não na eliminação da dívida.

- Use a imaginação, não a força de vontade. Imagine o final e o estado de liberdade. Você vai constatar que o seu intelecto está tentando atrapalhar, mas persista em manter a atitude simples e ingênua de quem acredita em milagres. Visualize a si mesmo ou a outra pessoa com saúde, rica e bem-sucedida. Imagine o acompanhamento emocional do estado de liberdade que você almeja. Elimine toda a burocracia do processo. O melhor caminho é o mais simples possível.

- Vá com calma. Não se preocupe com detalhes e métodos, conscientizando-se do resultado final. Sinta a solução feliz para o seu problema, esteja ela relacionada com a saúde, as finanças ou o trabalho. Imagine como você se sentirá quando o problema estiver resolvido. Tenha em mente que o seu sentimento é a base de tudo o que está gravado no subconsciente. A sua nova ideia precisa ser sentida subjetivamente em um estado concluído, não no futuro, mas acontecendo *agora*.

- Passe uma semana inteira com cada afirmação, repetindo-a várias vezes por dia. Apenas ler as 52 afirmações não terá praticamente nenhum efeito. Assim como as sementes precisam de tempo para brotar e fincar raízes, os seus pensamentos também precisam de tempo para germinar e criar raízes no subconsciente até que a mente consciente e a subconsciente aceitem juntas a verdade da afirmação.

- Relaxe no sentimento de uma profunda convicção de que "está feito".

Atenção: Nunca pense ou profira frases como "Não tenho condições de comprar isso" ou "Não posso fazer isso". A mente subconsciente interpreta literalmente as suas palavras e tomará medidas para que você não tenha o dinheiro ou a capacidade de fazer o que deseja fazer.

Não enfraqueça a afirmação dizendo "Eu gostaria" ou "Tenho esperança". Declare a afirmação como uma ordem do chefe (a mente consciente). Você tem harmonia. Você tem saúde. Transmita o pensamento para a mente subconsciente até sentir convicção e em seguida relaxe. Por meio do relaxamento, você grava o pensamento na mente subconsciente, possibilitando que a energia cinética por trás da ideia assuma o comando e a faça se realizar concretamente.

PARTE II

AFIRMAÇÕES SEMANAIS

1ª semana
Purifique a sua mente

O amor divino preenche a minha alma. A ação divina correta é minha. A harmonia divina governa a minha vida. A paz divina preenche a minha alma. A beleza divina é minha. A alegria divina preenche a minha alma. Sou divinamente guiado de todas as maneiras. O que está em cima me ilumina. Sei e acredito que receberei uma medida de vida, amor, verdade e beleza que transcende os meus sonhos mais arrojados. Sei que sou abraçado pelo amor e generosidade universais.

Comentário: A vida moderna é agitada e repleta de distrações e preocupações sem sentido. Quando começar a se sentir esmagado pelas necessidades da vida, passe algum tempo aquietando a mente e lembrando a si mesmo de que foi criado para ser feliz.

2ª semana
Afirme o poder da mente subconsciente

Posso fazer todas as coisas por intermédio do poder da minha mente subconsciente. Seja qual for o pensamento que eu conscientemente grave no meu subconsciente, este encontrará uma maneira de fazer com que ele aconteça. A força, a saúde e a bondade circulam através de mim e de todos ao meu redor, e desejo o melhor para todas as pessoas que encontro a cada dia. Sou grato por todas as bênçãos que me são concedidas.

Comentário: Para que as afirmações sejam eficazes, você precisa acreditar no poder da crença. Esta afirmação ajuda a desenvolver essa crença, que em seguida atua como a base sobre a qual se erguem todas as outras afirmações.

3ª semana
Atribua à mente consciente o papel de guardiã

A mente consciente é o vigia do portão que protege a minha mente das falsas impressões. Ela rejeita todos os pensamentos que não estão de acordo com os princípios universais da saúde, do amor, da sabedoria e da abundância. Ela afasta toda e qualquer sugestão que possa representar uma ameaça à minha autoestima. Eu sou o que eu penso, e por meio da mente consciente tenho controle total sobre os meus pensamentos. Escolho nutrir pensamentos de paz, alegria, saúde, amor, abundância e boa vontade com relação a todos.

Comentário: Você pode não controlar o que acontece na sua vida, mas tem total controle sobre como você pensa a respeito disso. Nenhuma pessoa ou evento pode fazê-lo se sentir irritado, desanimado, invejoso, amargo ou inadequado. A mente consciente pode protegê-lo rejeitando esses pensamentos. Ela é a guardiã.

4ª semana
Abrace e personifique a verdade

O amor, a verdade e a sabedoria de Deus inundam a minha mente e o meu coração. Eu amo a verdade, eu a escuto e conheço. O rio da paz de Deus inunda a minha mente, e sou grato pela minha liberdade. Penso corretamente e reflito a sabedoria e a inteligência divinas de todas as maneiras. A minha mente é a mente perfeita de Deus, imutável e eterna. Ouço a voz de Deus, que é a voz da paz, da verdade e do amor. A minha mente está repleta da sabedoria e compreensão de Deus. O que quer que esteja me atormentando agora está me abandonando, e eu estou livre e em paz.

Comentário: Mentiras, armadilhas, informações erradas, meias-verdades e falsas crenças estão na raiz de grande parte do sofrimento humano, porque dão origem a pensamentos distorcidos. Deus é verdade, e estar em sintonia com Deus significa estar em sintonia com a verdade. Enquanto você não abraçar e personificar a verdade, estará em desacordo com ela e continuará a sofrer todos os tipos de infortúnio.

5ª semana
Identifique o seu propósito na vida

A inteligência infinita da minha mente subconsciente revela o meu verdadeiro lugar na vida, e eu sigo a orientação que surge com clareza na minha mente consciente e racional. Ela me conhece intimamente. Identifica os meus interesses, conhecimentos, habilidades, talentos e paixões, e apresenta oportunidades que me interessam e que são adequadas para mim. Aceito as oportunidades e tomo providências para ser feliz e produtivo no meu trabalho. Estou em harmonia com o meu supervisor e colegas enquanto nos esforçamos para alcançar metas comuns. Sou capaz de fazer contribuições de qualidade e usar a mente de um modo criativo para descobrir inovações valiosas para produtos, serviços e processos, e sou adequadamente recompensado.

Comentário: Quase todas as pessoas desejam uma vida "motivada por um propósito", mas muitas não têm ideia de qual é ou deveria ser o seu propósito ou posição na vida. Use esta afirmação para transmitir o desafio à mente subconsciente — a parte criativa da mente, que atua como via de acesso para a inteligência infinita. A mente subconsciente é a agência de empregos perfeita, e encontrará um cargo que vai lhe servir como uma luva.

6ª semana
Receba o plano perfeito

A inteligência infinita que me concedeu este desejo me conduz, guia e revela o plano perfeito para o desdobramento dele. Eu sei que a sabedoria mais profunda do meu subconsciente está respondendo agora, e o que sinto e reivindico interiormente se manifesta exteriormente. O equilíbrio e a equanimidade estão presentes.

Comentário: A mente consciente é racional, ao passo que a mente subconsciente é criativa e intuitiva. Imprima na mente subconsciente o que quer que você deseje na vida, e ela formulará um plano e atrairá quaisquer recursos necessários para lhe entregar o objeto, o desejo ou o que quer que você almeje obter.

O planejamento consciente pode interferir no funcionamento do subconsciente. Transmita o seu desejo para a mente subconsciente e deixe que ela faça o trabalho dela. Quando você permite que a mente subconsciente crie, esta, não raro, sugerirá o plano perfeito, o qual vai lhe ocorrer em um momento "de gênio" sem que você precise praticamente fazer nenhum esforço.

7ª semana
Tenha uma vida harmoniosa

A inteligência infinita me conduz e orienta em todos os meus caminhos. A minha saúde é perfeita, e a lei da harmonia opera na minha mente e no meu corpo. Tenho beleza, amor, paz e abundância. Os princípios da ação correta e da ordem divina governam toda a minha vida. Eu sei que a minha principal premissa se baseia nas verdades eternas da vida, e percebo, sinto e acredito que a mente subconsciente responde de acordo com a natureza do pensamento da mente consciente.

Comentário: Embora alguns cientistas sugiram que o universo é caótico, ele é na verdade bem organizado e governado por leis. Leis naturais regem o universo físico, e leis morais regem o comportamento humano. A sintonia com essas leis eternas assegura saúde, riqueza, felicidade e harmonia. Essa afirmação bastante genérica indicará o caminho que lhe possibilitará ter uma vida bem organizada.

8ª semana
Durma em paz e acorde alegre

Meus dedos dos pés estão relaxados, meus tornozelos estão relaxados, meus músculos abdominais estão relaxados, meu coração e meu pulmão estão relaxados, minhas mãos e meus braços estão relaxados, toda a minha mente e o meu corpo estão relaxados. Perdoo plena e livremente todas as pessoas, abençoo-as e sinceramente lhes desejo paz, saúde e harmonia. Estou em paz, equilibrado, calmo e sereno. Descanso seguro e tranquilo. Uma grande quietude me envolve e uma imensa calma tranquiliza todo o meu ser enquanto percebo a presença divina dentro de mim. Sei que sou curado pela percepção da vida e do amor. A paz permanece comigo a noite inteira, e amanhã de manhã estarei pleno de vida e amor.

Comentário: Se, como muitas pessoas, você sofre de insônia, vai constatar que esta afirmação é muito eficaz. Repita-a devagar, com amor e tranquilidade, antes de adormecer. Você não precisará de nenhuma outra ajuda para dormir.

9ª semana
Faça da felicidade um hábito

A ordem divina assume o controle da minha vida agora e sempre. Todas as coisas atuam em conjunto hoje para o meu bem. Este é um dia novo e maravilhoso para mim. Nunca haverá outro dia como este. Sou divinamente guiado o dia inteiro, e tudo o que eu fizer vai prosperar. O amor divino me rodeia e me envolve, e sigo adiante em paz. Sempre que a minha atenção se desviar do que é bom e construtivo, eu a trarei imediatamente de volta para a contemplação do que é encantador e respeitável. Sou um ímã espiritual e mental e atraio para mim todas as coisas que me abençoam e me fazem prosperar. Terei enorme sucesso em tudo o que empreender hoje. Serei decididamente feliz o dia inteiro.

Comentário: Há vários anos, eu me hospedei durante cerca de uma semana na casa de um fazendeiro em Connemara, na costa ocidental da Irlanda. Ele cantava e assobiava o tempo todo, estava sempre de bom humor. Eu lhe perguntei qual era o segredo da sua felicidade e ele respondeu o seguinte: "Ser feliz é um hábito que eu tenho. Todas as manhãs, quando acordo, e todas as noites, antes de dormir, abençoo a minha família, as safras, o gado e agradeço a Deus pela maravilhosa colheita."

Esse fazendeiro tinha praticado isso durante mais de quarenta anos. Como você sabe, os pensamentos repetidos regular e sistematicamente penetram na mente subconsciente e se tornam habituais. A felicidade é um hábito.

10ª semana
Reivindique um futuro melhor

Estou repleto da vida fluida, purificadora, restauradora, harmonizadora e revigorante do Espírito Santo. Meu corpo é o templo do Deus vivo, e todas as suas partes são puras, completas e perfeitas. Cada função da minha mente e do meu corpo é controlada e governada pela sabedoria e ordem divinas.

Aguardo ansioso um futuro glorioso. Vivo na jubilosa expectativa do que há de melhor. Todos os pensamentos divinos e maravilhosos que estou tendo agora, neste dia, penetram na mente subconsciente como sementes em solo fértil. Eu sei que, no momento oportuno, eles se manifestarão como harmonia, saúde, paz, oportunidades, experiências e circunstâncias.

Abandono agora o medo e a escassez e avanço em direção à liberdade em Deus e à vida abundante. O Deus-homem nasceu em mim. Veja! Eu renovo todas as coisas!

Comentário: Cada dia é um momento de renovação, ressurgimento e renascimento. Toda a natureza proclama a glória de um novo dia. Isso se destina a nos fazer lembrar de que precisamos despertar o Deus interior e acordar do longo sono de inverno da limitação para avançar na manhã de um novo dia e de uma nova vida.

O medo, a ignorância e a superstição precisam morrer em nós, e temos que ressuscitar a fé, a confiança, o amor e a boa vontade. Comece agora a tomar a transfusão da graça e do amor de Deus por meio desta afirmação.

11ª semana
Cure a si mesmo

O meu corpo e todos os seus órgãos foram criados pela inteligência infinita na minha mente subconsciente. Ela sabe como me curar. A sua sabedoria formou todos os meus órgãos, tecidos, músculos e ossos. Essa presença infinita de cura existente dentro de mim está transformando agora cada átomo do meu ser e me tornando completo e perfeito. Sou grato pela cura que sei estar acontecendo agora. Maravilhosas são as obras da inteligência criativa que vive dentro de mim.

Comentário: O subconsciente iniciou o seu batimento cardíaco, controla a circulação do sangue no seu corpo e regula a sua digestão, assimilação e eliminação. Quando você come um pedaço de pão, a mente subconsciente o transmuta em tecido, músculo, osso e sangue. Ela controla todos os processos e funções vitais do seu corpo. Se a mente subconsciente pode criá-lo a partir do zero, ela certamente é capaz de curá-lo e livrá-lo da doença. À medida que modifica a sua mente, impregnando-a de incessantes afirmativas, você transforma o seu corpo. Essa é a base de toda a cura.

12ª semana
Cure os outros remotamente

A presença restauradora se encontra exatamente onde _____ está. O problema físico dele/dela é apenas um reflexo da sua vida de pensamentos, como sombras lançadas na tela. Eu sei que, para modificar as imagens na tela, preciso mudar o rolo do filme. A minha mente é o rolo do filme, e é nela que projeto a imagem de plenitude, harmonia e saúde perfeita para _____. A presença infinita de cura, que criou o corpo de _____ e todos os seus órgãos, está agora impregnando cada átomo do seu ser, e um rio de paz circula através de cada célula do seu corpo. Os médicos estão sendo divinamente guiados e orientados, e quem quer que toque em _____ é direcionado a fazer a coisa certa. Eu sei que a doença não possui uma realidade fundamental. Eu sintonizo agora com o princípio infinito do amor e da vida, e sei e determino que a harmonia, a saúde e a paz estão agora se manifestando no corpo de _____.

Comentário: A inteligência infinita circula através de todas as coisas e não é separada pelo tempo ou pelo espaço. Ela é responsável por fenômenos como a telepatia mental, a percepção extrassensorial, a projeção astral e o poder restaurador da prece. A mente subconsciente é a via de acesso para a inteligência infinita, possibilitando que você utilize o poder dela para curar os outros, quer você esteja nas proximidades, no lado oposto da cidade ou do outro lado do mundo.

Mantenha em mente que quaisquer pensamentos negativos também viajam através do éter e têm o potencial de causar dano aos outros. Os pensamentos positivos, assim como as ações positivas, são valiosas contribuições para a comunidade. Os pensamentos destrutivos, bem como as ações destrutivas, prejudicam a comunidade.

13ª semana
Atraia dinheiro

Eu gosto de dinheiro, na verdade o adoro, e o utilizo de maneira sábia, construtiva e prudente. O dinheiro circula constantemente na minha vida. Eu me separo dele com alegria e ele volta para mim multiplicado. É uma sensação maravilhosa. O dinheiro aflui para mim em avalanches de abundância. Eu o utilizo apenas para o bem e sou grato pelas coisas boas que recebo e pelas riquezas da minha mente.

Comentário: O anseio do princípio vital em você é em direção ao crescimento, à expansão e à vida mais abundante. Você não está aqui para viver em um barraco, se vestir com trapos e passar fome. Você deveria ser feliz, próspero e bem-sucedido. Jamais critique o dinheiro ou aqueles que possuem uma grande quantidade dele. Purgue a sua mente de todas as crenças supersticiosas a respeito do dinheiro. Nunca o considere nocivo ou sujo, porque isso o fará criar asas e voar para longe de você. Você perde o que condena. Não pode atrair o que critica.

14ª semana
Consiga um suprimento constante de dinheiro

A minha mente subconsciente possui infinitas riquezas. É meu direito ser rico, feliz e bem-sucedido. O dinheiro aflui para mim de maneira livre, incessante e abundante. Estou sempre consciente do meu verdadeiro valor. Ofereço irrestritamente os meus talentos, e as minhas finanças são alvo de múltiplas bênçãos. Tudo é maravilhoso!

Comentário: Reconhecer os poderes da mente subconsciente e o poder criativo do pensamento ou da imagem mental é o caminho em direção à opulência, à liberdade e ao constante suprimento. Aceite na mente a vida abundante. A aceitação mental e a expectativa de riqueza têm a sua própria matemática e mecânica de expressão. Assim que você assumir a atitude de opulência, todas as coisas necessárias para a vida abundante se tornarão realidade. Deixe que esta seja a sua afirmação diária; grave-a no seu coração.

15ª semana
Prospere em todos os seus empreendimentos

Todos os meus empreendimentos prosperam noite e dia.

Comentário: Às vezes uma simples afirmação, que não seja excessivamente agressiva, é a ideal. Em alguns casos, as pessoas repetem afirmações que estão em conflito com as suas convicções subjacentes, em cujo caso a mente consciente rejeita a afirmação por considerá-la falsa e nunca a transmite para a mente subconsciente. A sua mente consciente, por exemplo, pode rejeitar uma afirmação que declare que você recebeu um milhão de dólares, mas pode aceitar a afirmação de que todos os seus empreendimentos estão prosperando.

Sugeri para determinado empresário que ia mal nas finanças porque as suas vendas estavam muito fracas — o que o estava deixando muito preocupado —, que se sentasse quieto no seu escritório e repetisse várias vezes a seguinte declaração: "As minhas vendas estão melhorando a cada dia." A declaração mobilizou a cooperação das mentes consciente e subconsciente, e a consequência foi a concretização dos resultados desejados.

16ª semana
Tome decisões financeiras e de investimento inteligentes

A inteligência infinita governa e zela por todas as minhas transações financeiras, e vou prosperar em tudo o que eu fizer.

Comentário: Se você estiver em busca de sabedoria quanto aos seus investimentos ou preocupado com as suas ações ou títulos, repita esta afirmação para orientar o seu subconsciente a tomar decisões de investimento inteligentes. Faça isso com frequência e constate que os seus investimentos serão inteligentes; além do mais, você será protegido das perdas, já que será impelido a vender os seus valores mobiliários ou propriedades antes que qualquer prejuízo o atinja.

17ª semana
Recupere-se de um revés financeiro

Tive um prejuízo, mas voltarei a ser produtivo e ganharei mais dinheiro. Aprendi uma boa lição, o que, na prática, vai me pagar dividendos. Não perdi a fé, a confiança ou a capacidade de me levantar e crescer. Tenho muito a oferecer e serei novamente um grande sucesso. Deus é a fonte do meu suprimento, e a riqueza Dele está circulando na minha vida. Há sempre um excedente divino. Deus abre o caminho para que eu tenha sucesso na ordem divina.

Comentário: O que realmente importa não é o que lhe acontece, mas sim o que você pensa a respeito do ocorrido, a sua reação, que pode ser construtiva ou destrutiva. Use a imaginação com sabedoria, formando na mente um novo padrão, enxergando futuras possibilidades, usando as asas da fé e da imaginação para reconstruir uma vida melhor. O sucesso e a riqueza são produto dos seus pensamentos e convicções.

18ª semana
Encontre a casa ou o apartamento ideal

A inteligência infinita da mente subconsciente é onisciente. Ela me revela agora a casa ideal, bem localizada e situada e em um ambiente encantador, que satisfaz todas as minhas exigências e é compatível com a minha renda. Entrego agora este pedido à mente subconsciente e sei que ela vai responder de acordo com a natureza da minha solicitação. Libero o pedido com absoluta fé e confiança, da mesma maneira que um agricultor deposita no solo uma semente, confiando implicitamente nas leis do crescimento.

Comentário: Ao comprar e vender, lembre-se de que a mente consciente é a ignição e a mente subconsciente é o motor. Você precisa ligar o motor para possibilitar que ele execute o trabalho dele. O primeiro passo para transmitir a sua ideia, imagem ou desejo à mente mais profunda é relaxar, imobilizar a atenção, ficar quieto e em silêncio. Essa atitude mental calma, relaxada e tranquila evita que questões irrelevantes e falsos conceitos interfiram na absorção mental da sua ideia. Além disso, na atitude mental tranquila, passiva e receptiva, o esforço se reduz ao mínimo.

A resposta ao seu pedido pode vir por intermédio de um anúncio no jornal, de um amigo ou você pode ser diretamente conduzido a uma casa especial, que seja exatamente a que está procurando. A sua prece pode ser atendida de várias maneiras. O principal detalhe que você precisa saber, no qual pode depositar a sua confiança, é que a resposta sempre vem, desde que você confie no funcionamento da sua mente mais profunda.

19ª semana
Venda a sua casa ou outra propriedade

A inteligência infinita atrai para mim as pessoas que querem comprar esta casa e que irão prosperar nela. Elas estão sendo enviadas pela inteligência criativa da mente subconsciente, que não comete erros. Elas poderão visitar muitas outras casas, mas a minha é a única que desejam e que comprarão, porque estão sendo guiadas pela inteligência infinita existente dentro delas. Eu sei que os compradores, a ocasião e o preço estão corretos. Tudo o que diz respeito à situação está correto. As correntes mais profundas da mente subconsciente estão agora atuando e nos reunindo na ordem divina. Eu sei que assim é.

Comentário: Lembre-se sempre de que aquilo que você está buscando também está procurando por você, e, em qualquer ocasião que você queira vender uma casa ou qualquer tipo de propriedade, sempre existe alguém que deseja o que você tem a oferecer. Ao utilizar de forma correta o poder da mente subconsciente, você a liberta de todo sentimento de competição e ansiedade no processo de compra e venda.

20ª semana
Resolva um problema

O subconsciente sabe a resposta e a está enviando agora para mim. Sou grato porque sei que a inteligência infinita do subconsciente sabe todas as coisas e está me revelando a resposta perfeita agora. A minha verdadeira convicção está libertando a majestade e a glória da mente subconsciente. Eu me alegro que seja assim.

Comentário: Frequentemente as pessoas se esforçam demais para resolver os seus problemas, não raro tornando as coisas piores por causa desses esforços. Em vez de usar a mente consciente para encontrar a solução de um problema, passe-o para a mente subconsciente, que está muito mais bem equipada para resolver casos complicados. Muitas vezes, quando a mente consciente está suspensa durante o sono, o seu subconsciente resolve o problema, e você descobre a solução que precisa ao acordar.

21ª Semana
Encontre objetos perdidos ou colocados no lugar errado

Você tem conhecimento de todas as coisas; você sabe onde _____ está e me revela o lugar agora.

Comentário: Repita esta afirmação várias vezes por dia, especialmente antes de pegar no sono. A mente subconsciente sabe qual é "o último lugar onde o objeto estava", e, se for alguma coisa que outra pessoa perdeu ou colocou no lugar errado, a inteligência infinita sabe onde ela está e pode transmitir a informação para você por intermédio do poder da sua mente subconsciente. Esta sempre responderá ao que você perguntar se você confiar nela.

22ª semana
Tome uma decisão importante ou difícil

A inteligência criativa da mente subconsciente sabe o que é melhor para mim. A tendência dela é sempre em direção à vida, e ela me revela a decisão correta, que abençoa todos os envolvidos. Sou grato pela resposta que sei que receberei.

Comentário: Sempre que enfrentar uma decisão que poderá mudar a sua vida, como mudar de emprego, se casar ou se divorciar, ter filhos e assim por diante, mobilize o seu subconsciente. A mente consciente e racional pode ser capaz de ponderar o que é melhor, mas a intuição tende a conduzi-lo a uma decisão que está de acordo com a ordem divina. Confie na sua intuição.

Uma jovem de Los Angeles estava decidindo se deveria aceitar um cargo em Nova York no qual ganharia duas vezes o salário que recebia. Ela repetiu esta afirmação várias vezes antes de dormir e acordou pela manhã com o sentimento persistente de que não deveria aceitar a oferta. Decidiu rejeitá-la, e eventos subsequentes confirmaram o que soubera interiormente: a empresa foi à falência alguns meses depois de lhe ter feito a proposta de emprego. A mente consciente podia estar correta com relação aos fatos conhecidos, mas a faculdade intuitiva da mente subconsciente viu o fracasso da empresa em questão e impeliu a jovem a recusar a proposta.

23ª semana
Ame incondicionalmente

Dou livremente o meu amor para _____ pela alegria e emoção de saber que ele/ela será feliz e livre. A minha dádiva de amor é incondicional. É livre como o vento. Não espero nada em troca, porque a capacidade de sentir e expressar amor é, por si só, um presente incrível. Em me alegro na felicidade que o meu amor confere a mim e aos outros.

Comentário: Com excessiva frequência, amamos e ajudamos os outros esperando algo em troca, como gratidão, reconhecimento, amor ou favores futuros. Quando as nossas expectativas não são satisfeitas, o amor se transforma em amargura e ressentimento, e aprisiona tanto quem dá quanto quem recebe. Entretanto, o verdadeiro amor liberta. Quando der qualquer coisa, faça-o de coração e pela alegria e emoção de dar para tornar os outros felizes e livres. Você receberá em troca abundantes bênçãos, mas não dê com a expectativa de receber essas bênçãos.

24ª semana
Perdoe os outros

Perdoo completa e livremente _____; eu o/a liberto mental e espiritualmente. Perdoo tudo o que está relacionado ao assunto em questão. Estou livre, e ele/ela está livre. É um sentimento maravilhoso. Este é o meu dia de anistia geral. Liberto todas as pessoas que um dia me magoaram e desejo a cada uma delas saúde, paz, felicidade e todas as bênçãos da vida. Faço isso livre, alegre e amorosamente, e, sempre que penso na pessoa ou pessoas que me magoaram, digo: "Eu o/a libertei, e todas as bênçãos da vida são suas. Sou livre e você é livre." É uma sensação maravilhosa!

Comentário: O grande segredo do verdadeiro perdão é que, uma vez que você tenha perdoado a pessoa, é desnecessário repetir a afirmação. Sempre que pensar na pessoa, ou que a mágoa específica penetrar na sua mente, deseje o bem do ofensor e diga: "Que a paz esteja com você." Faça isso sempre que o pensamento lhe vier à cabeça. Você constatará que, depois de alguns dias, passará a pensar cada vez menos na pessoa ou na experiência, até que ela, finalmente, desaparecerá por completo da sua mente.

25ª semana
Deseje bem aos outros

Desejo a cada pessoa que caminha na Terra o que desejo para mim mesmo: paz, amor, felicidade, abundância e as bênçãos de Deus. Eu me alegro e fico feliz com o progresso, desenvolvimento e prosperidade de todas as pessoas.

Comentário: Esta é a lei mais importante, pense sobre as pessoas o que gostaria que elas pensassem a seu respeito. Sinta com relação às pessoas o que gostaria que elas sentissem com relação a você. Nunca tente privar alguém de alegria, porque se você fizer isso estará privando a si mesmo também. O que quer que você alegue ser verdadeiro para si mesmo, afirme para todas as pessoas em toda parte. Se você rezar pedindo felicidade e paz de espírito, reivindique paz e felicidade para todos. Quando o navio chega para seu semelhante, ele também chega para você.

26ª semana
Atraia a sua alma gêmea

Atraio agora um homem/uma mulher honesto/a, sincero/a, leal, fiel, tranquilo/a, feliz e próspero/a. Essas qualidades que admiro estão penetrando agora na minha mente subconsciente. Enquanto me concentro nessas características, elas se tornam parte de mim e são personificadas subconscientemente. Ele/ela adora meus ideais e eu adoro os ideais dele/dela. Ele/ela não quer me modificar, e eu tampouco desejo modificá-lo(la). Existe amor, liberdade e respeito mútuos. Somos irresistivelmente atraídos um para o outro. Somente aquilo que pertence ao amor, à verdade e à beleza podem ingressar na minha experiência. Aceito o meu/a minha companheiro/a ideal agora.

Comentário: Sinta-se à vontade para editar esta afirmação e descrever as qualidades que você deseja na pessoa ideal. Repita a afirmação no espírito de expectativa. Quando pensar com calma e interesse nas qualidades e atributos que admira no/na companheiro/a que está procurando, você criará o equivalente mental no seu modo de pensar. Em seguida, as correntes mais profundas da mente subconsciente reunirão vocês dois na ordem divina.

27ª semana
Apoie espiritualmente o seu cônjuge

Eu sei que o meu cônjuge é receptivo à minhas imagens e pensamentos construtivos. Afirmo, sinto e sei que no centro do ser dele existe paz. O meu cônjuge é divinamente guiado de todas as maneiras. Ele é um canal para o divino. O amor de Deus preenche a mente e o coração dele. Existe entre nós paz, harmonia, amor e entendimento. Eu o imagino feliz, saudável, alegre, amoroso e próspero. Eu o cerco e envolvo com o círculo sagrado do amor de Deus, que é inabalável, impermeável e invulnerável a toda e qualquer discordância.

Comentário: Certa mulher de Londres disse que o seu marido havia perdido todo o dinheiro que tinha no mercado de ações e que estava ressentido, triste e profundamente deprimido. Ele queria o divórcio, afirmando que ela o estava importunando terrivelmente.

Expliquei a ela que importunar era a maneira mais rápida de dissolver um casamento e garanti que aquele era um momento em que o marido precisava de estímulo e apoio. Ela enfatizou as boas qualidades e atitudes que ele tinha quando os dois se casaram. Eu lhe disse que as mesmas qualidades e características que a haviam atraído inicialmente ainda estavam presentes, mas que precisavam ser ressuscitadas, o que poderia ser alcançado por meio do poder das afirmações.

Recomendei então que ela repetisse com frequência esta afirmação, ressaltando que o marido receberia subconscientemente o apoio espiritual que ela estava oferecendo e que ambos seriam abençoados. Eles discutiram os seus problemas enquanto eu estava em Londres e depois decidiram rezar juntos e permanecer casados. O marido conseguiu recentemente um cargo muito bem remunerado. A prece modifica as coisas: ela transforma a pessoa que reza.

28ª semana
Mantenha o casamento sólido

O Espírito em mim fala ao Espírito de _____. A paz, a harmonia, o amor e o entendimento estão conosco o tempo todo. Deus pensa, fala e age através de mim, e Deus pensa, fala e age através do meu parceiro.

Comentário: Uma única afirmação é insuficiente para fortalecer o vínculo do casamento. Vocês precisam manter uma atitude mental positiva com relação ao outro, declarando e demonstrando o seu amor e respeito ao longo do dia. Além de repetir diariamente esta afirmação, siga estes cinco passos para ajudar a manter a solidez no casamento:

1. Jamais deixem que irritações decorrentes de pequenas decepções se acumulem de um dia para o outro. Perdoem um ao outro qualquer atitude agressiva antes de ir dormir.

2. No momento em que acordar pela manhã, afirme que a inteligência infinita o/a está guiando de todas as maneiras. Envie pensamentos amorosos de paz e harmonia para seu parceiro, para todos os membros da família e para o mundo inteiro.

3. Durante o café da manhã, agradeça a maravilhosa comida, a abundância e todas as suas bênçãos. Cuide para que nenhum problema, preocupação ou discussão interfira na conversa durante a refeição; o mesmo vale para o jantar.

4. Diga para o seu marido ou para sua mulher: "Reconheço o que você está fazendo e irradio amor e boa vontade para você o dia inteiro."

5. Não encare o seu parceiro como algo corriqueiro. Demonstre amor e reconhecimento. Tenha em mente apreço e boa vontade em vez de condená-lo, criticá-lo e importuná-lo. Um lar tranquilo e um casamento feliz são construídos sobre uma base de amor, beleza, harmonia, respeito mútuo, fé comum e tudo o que é bom.

29ª semana
Livre-se de um relacionamento problemático

Eu liberto _____. Ele/Ela está sempre no seu verdadeiro lugar, assim como eu estou no meu. Cada um de nós escolhe livremente divergir e seguir caminhos separados. Determino agora que as minhas palavras avancem para a mente infinita e se manifestem em realidade. Que assim seja.

Comentário: Pode ser difícil terminar relacionamentos, especialmente se a outra pessoa não estiver disposta a se separar. Nessas situações, a amargura e a ansiedade podem se agravar. Decretar o fim da união e visualizar você e a outra pessoa partindo em direções diferentes envia a mensagem clara para o éter de que o relacionamento terminou.

30ª semana
Obtenha uma conclusão

Obtive uma solução perfeita e harmoniosa. Está concluído de acordo com a ordem divina.

Comentário: Quando você estiver em uma situação difícil e não conseguir antever um fim para a dificuldade, pense em repetir várias vezes esta afirmação como seu mantra. Acredite que "Isso também passará" e entregue a situação para a inteligência divina resolver. Por meio dessa decisão, você se liberta de um problema sobre o qual não tem controle e fica livre, ao mesmo tempo que possibilita que o seu subconsciente resolva a questão praticamente sem nenhum esforço ou angústia da sua parte.

31ª semana
Aperfeiçoe a sua memória

A partir de hoje a minha memória está melhorando em todos os aspectos. Sempre me lembrarei do que preciso saber em cada momento do tempo e em cada ponto do espaço. As impressões recebidas serão mais claras e definidas. Eu as reterei automaticamente com facilidade. O que quer que eu deseje recordar se apresentará de imediato na minha mente e da forma correta. Estou ficando melhor a cada dia, e muito em breve a minha memória estará como jamais esteve.

Comentário: Nunca pense ou diga algo como "Estou perdendo a memória" ou "Talvez eu esteja ficando senil". Se esses pensamentos conseguirem passar pelo guardião da mente consciente e lançarem raízes no subconsciente, a mente subconsciente começará a torná-los realidade. Expulse os pensamentos negativos por meio de pensamentos positivos.

32ª semana
Acabe com um mau hábito

A minha mente está repleta de paz, serenidade e equilíbrio. O infinito se estende em sorridente repouso dentro de mim. Não tenho medo de nada do passado, do presente ou do futuro. A inteligência infinita da mente subconsciente me conduz, orienta e direciona de todas as maneiras. Enfrento agora cada situação com fé, equilíbrio, calma e confiança. Estou completamente livre do hábito. A minha mente está repleta de paz interior, liberdade e alegria. Perdoo a mim mesmo e em seguida sou perdoado. A paz, a saúde e a confiança reinam supremas.

Comentário: Você é uma criatura de hábito. O hábito é função da mente subconsciente. Você aprendeu a nadar, andar de bicicleta, dançar e dirigir praticando repetidamente essas coisas até que elas formaram sulcos na mente subconsciente. Depois, a ação de hábito automática da mente subconsciente assumiu o comando. Às vezes, isso é chamado de segunda natureza, que é uma reação da mente subconsciente ao que você pensa e à maneira como você age. Você é livre para escolher um bom ou mau hábito. Se repetir um pensamento ou ato negativo ao longo de um período, ficará sob a compulsão de um hábito. A lei do subconsciente é a compulsão.

33ª semana
Controle o mau gênio

A partir de agora serei mais bem-humorado. A alegria, a felicidade e a jovialidade estão se tornando meu estado mental normal. A cada dia estou ficando mais cativante e compreensivo. Estou me tornando um centro de alegria e boa vontade para todos os que me cercam, contagiando-os com o meu bom humor. Essa disposição de ânimo alegre, jovial e animada está se tornando agora o meu estado mental normal e natural. Sou muito grato por isso.

Comentário: Se você alimenta a raiva ou a má vontade com alguém, como o seu companheiro ou companheira, um vizinho, um colega ou um supervisor, você pode melhorar seu relacionamento mudando a sua atitude em relação a esse indivíduo. Todas as pessoas tendem a tratá-lo melhor quando você tem uma atitude mais positiva diante da vida em geral e com elas especificamente. Além do mais, mesmo que elas não mudem para melhor por causa disso, a sua atitude positiva o tornará menos infeliz. Essas pessoas deixarão de ter poder sobre os seus pensamentos ou sentimentos. Você se sentirá liberado.

34ª semana
Domine a inveja

Eu sei que não posso receber o que não sou capaz de dar, de modo que distribuo pensamentos de amor, paz, luz e boa vontade para _____ e para todas as outras pessoas. Sou divinamente guiado. Desvio a atenção da vontade de querer o que _____ tem e volto-a para o que eu verdadeiramente desejo (descreva o que você deseja, por exemplo, saúde, prestígio, um bom salário, um parceiro amoroso ou determinados bens). As bênçãos são suficientes para satisfazer todos os desejos sem que eu precise cobiçar o que os outros possuem. De acordo com a lei da atração, atraio tudo o que realmente desejo.

Comentário: Nunca, em nenhuma circunstância, deseje o emprego, o parceiro, a casa ou qualquer coisa de outra pessoa. Cobiçar ou invejar o que outra pessoa tem significa atrair a perda, a escassez e a limitação para si mesmo, empobrecer em todos os aspectos. Você está dizendo para si mesmo: "Ela pode ter essas coisas, mas eu não." Você está negando a sua divindade. Roubar mentalmente outra pessoa significa, na prática, roubar de si mesmo.

A perda pode acontecer de várias maneiras: você pode perder a saúde, o prestígio, uma promoção, amor ou dinheiro. É impossível descobrir a maneira como a perda se manifestará. Você não deseja o emprego da outra pessoa; o que você realmente quer é um cargo como o dela, que lhe proporcione os mesmos privilégios, vantagens, salário e gratificações.

A inteligência infinita pode abrir uma nova porta de expressão para você. Se você apelar para ela, obterá uma resposta.

35ª semana
Supere a procrastinação

A ação é consequência do pensamento. Sei o que precisa ser feito e o faço da maneira oportuna. Sou organizado, eficiente e produtivo. Priorizo as tarefas cotidianas e as executo por ordem de importância. Ataco com entusiasmo as incumbências mais difíceis. Possuo o conhecimento, habilidades e recursos para concluir todos os meus projetos, bem como a perseverança necessária para superar todos os obstáculos. Sinto orgulho das minhas realizações e sou grato por todas as bênçãos que recebo por causa delas.

Comentário: Começar um projeto ou tarefa é muitas vezes o passo mais difícil. Reserve entre dez e quinze minutos no final do dia de trabalho para criar a lista de coisas a fazer do dia seguinte. Quando for dormir, anteveja com prazer e gratidão o fato de ter um plano e um objetivo para o dia seguinte. Você despertará com um sentimento de propósito e orientação. À medida que for completando as tarefas, elimine-as da lista como uma forma de se recompensar pelas suas realizações. Nunca vá para a cama sem um plano para o dia seguinte.

36ª semana
Melhore o seu desempenho atlético

Estou relaxado, tranquilo e sereno. Todo o meu treinamento e condicionamento me preparou para este evento. Fico calmo antes de cada competição, e o poder onipotente dentro de mim assume o comando. Peço a esse poder superior que circule através de mim e me movimente. Sou grato pela oportunidade de me apresentar e o faço com alegria. O meu desempenho é harmonioso, brilhante e relaxado.

Comentário: Quando os atletas talentosos têm um desempenho excepcional, geralmente descrevem a experiência afirmando que se encontravam *in the zone*, um estado de foco e entrega totais. Eles se sentem sobre-humanos e executam façanhas que parecem ir além do que é humanamente possível sem um esforço consciente. Quando você tem um desempenho *in the zone*, perde a noção do eu. Perde o ego. Está completamente imerso na atividade e em sintonia com o universo. Desse modo, você tem a impressão de que o seu desempenho não exigiu esforço, como se uma força maior tivesse assumido o comando, o que de fato aconteceu. Repita esta afirmação antes de se apresentar, a fim de transferir voluntariamente o seu desempenho para esse poder onipotente.

37ª semana
Fale em público com segurança

Irradio amor, paz e boa vontade para todos os membros da audiência. O amor universal os cerca e envolve. Estou feliz por estar aqui e grato pela oportunidade de falar sobre um tema pelo qual sinto grande entusiasmo. A inteligência infinita pensa, fala e age através de mim. Minhas palavras curam, abençoam e inspiram as pessoas. A paz invade o coração de todos os presentes, que se sentem elevados e inspirados pelas minhas palavras.

Comentário: O medo de falar em público geralmente impede as pessoas de alcançar o seu potencial máximo. Para superar esse medo e falar com segurança, passe algum tempo preparando o seu discurso ou apresentação. Repetir uma afirmação não substitui a preparação. Em vez disso, use a afirmação para se acalmar enquanto concentra a atenção na plateia. Ao derramar amor e boa vontade no público antes de fazer o discurso ou a apresentação, você começa a enxergar as pessoas como participantes do evento em vez de uma ameaça.

38ª semana
Melhore o seu desempenho na escola

Compreendo que a mente subconsciente é um depósito de memória. Ela retém tudo o que leio e que os meus professores dizem. A minha memória é perfeita, e a inteligência infinita da mente subconsciente me revela tudo o que preciso saber em todos os meus exames, escritos ou orais. Irradio amor e boa vontade para todos os meus professores e colegas. Desejo-lhes sucesso e tudo o que é bom.

Comentário: O baixo desempenho acadêmico geralmente resulta da indiferença ou ressentimento com relação aos professores ou colegas. Repita esta afirmação várias vezes por dia, particularmente à noite, antes de dormir, e também pela manhã, depois de acordar.

Esses são os melhores momentos para insuflar a mente subconsciente. Imagine os seus pais e professores parabenizando você pelo seu sucesso acadêmico. Em breve você perceberá uma melhora nas suas notas e desempenho em sala de aula.

39ª semana
Seja mais bem-sucedido na sua carreira ou negócio

Todas as pessoas que trabalham na sua empresa são honestas, sinceras e leais, sempre prontas a ajudar e repletas de boa vontade com todos. Elas são os elos mentais e espirituais na cadeia de crescimento, bem-estar e prosperidade da empresa. Irradio amor, paz e boa vontade nos meus pensamentos, palavras e ações para meus colaboradores e todos na empresa. Nossos executivos e gerentes são divinamente guiados em tudo o que empreendem. A inteligência infinita da minha mente subconsciente toma todas as decisões por meu intermédio. Somente a ação correta prevalece em todas as nossas transações comerciais e no relacionamento que temos uns com os outros. Envio os mensageiros de paz, amor e boa vontade antes de mim para o escritório. A paz e a harmonia reinam supremas na minha mente e no meu coração, bem como nos de todos na empresa. Inicio agora um novo dia, repleto de fé, segurança e confiança.

Comentário: O ressentimento no local de trabalho pode afetar negativamente o seu desempenho e a maneira como você é tratado pelos seus colegas e superiores. Reprogramar a mente para pensar de modo positivo a respeito da empresa e do seu papel dentro dela o conduzirá a um sucesso maior no local de trabalho e na empresa como um todo.

40ª semana
Melhore o seu relacionamento com os colegas de trabalho

Penso, falo e ajo com paz, amor e tranquilidade. Irradio agora amor, paz, tolerância e benevolência para todas as pessoas que me criticam e espalham boatos a meu respeito. Baseio os meus pensamentos na paz, harmonia e boa vontade para todos. Sempre que estou prestes a reagir de modo negativo, repito com firmeza para mim mesmo: "Vou pensar, falar e agir com base no princípio da harmonia, da saúde e da paz interior." A inteligência criativa me conduz, governa e orienta de todas as maneiras.

Comentário: Se determinadas pessoas no seu local de trabalho o incomodam, a vibração, o incômodo e a turbulência podem ser causados por algum padrão subconsciente ou projeção mental da sua parte. Sabemos que um cão reagirá com ferocidade se você detestar cachorros ou tiver medo deles. Os animais captam as vibrações subconscientes e reagem de acordo com elas. Muitos seres humanos indisciplinados são tão sensíveis quanto os cachorros, gatos e outros animais. Às vezes, a melhor maneira de modificar a maneira como os outros o tratam é mudar o que você pensa a respeito deles e a maneira como os trata.

41ª semana
Melhore a maneira como você se relaciona com o seu supervisor

Sou o único pensador no meu universo. Sou responsável pelo que penso a respeito do meu chefe. O meu gerente não é responsável pela maneira como penso a respeito dele. Eu me recuso a conceder poder a qualquer pessoa, lugar ou coisa que me incomode ou perturbe. Almejo saúde, sucesso, paz de espírito e felicidade para o meu chefe. Desejo sinceramente o bem dele, e sei que ele é divinamente guiado de todas as maneiras.

Comentário: Se você tem um relacionamento tenso com um dos seus superiores no trabalho, é bem provável que alimente alguma amargura ou hostilidade em relação à essa pessoa e que a sua mente esteja repleta de críticas, discussões mentais, recriminações e acusações direcionadas a ela. Como consequência, você está provavelmente recebendo de volta a negatividade que tem transmitido mentalmente.

Para melhorar o seu relacionamento, repita esta afirmação em voz alta, devagar, com tranquilidade e sentimento, ciente de que a sua mente é como um jardim, e que o que quer que você plante no jardim produzirá os frutos dos seus pensamentos. Pratique também as imagens mentais antes de dormir da seguinte maneira: imagine o seu gerente parabenizando-o pelo seu excelente trabalho, pelo seu zelo e entusiasmo e pelos maravilhosos comentários dos clientes. Sinta a realidade de tudo isso, sinta o aperto de mão do gerente, ouça o tom de voz e veja o sorriso dele. Crie um verdadeiro filme mental, dramatizando-o da melhor forma que puder. Passe esse filme na sua mente noite após noite, consciente de que a mente subconsciente é a placa receptiva na qual as imagens conscientes são gravadas.

42ª semana
Termine os seus projetos

Compreendo que eu e a inteligência infinita da minha mente subconsciente, que não conhece obstáculos, dificuldades ou demoras, somos um só. Vivo na jubilosa expectativa do que há de melhor. A minha mente mais profunda responde aos meus pensamentos. Eu sei que o trabalho do poder infinito do subconsciente não pode ser bloqueado. A inteligência infinita sempre conclui com sucesso tudo o que começa. A sabedoria criativa atua por meu intermédio concluindo todos os meus planos e propósitos. O meu objetivo na vida é oferecer um serviço maravilhoso, e todos aqueles com quem entro em contato são abençoados pelo que tenho a proporcionar. Todo o meu trabalho é realizado na ordem divina.

Comentário: Se você tem dificuldade em concluir projetos, fechar negócios ou cumprir compromissos, talvez tenha um bloqueio mental que o impede de levar as coisas até o final ou, talvez, o medo de que os outros voltem atrás. A persistência é fundamental para o sucesso.

43ª semana
Destaque-se como professor

Deus não me concedeu o espírito do medo e sim o espírito do poder, do amor e de uma mente sensata. Tenho uma fé firme e inabalável em Deus como o meu bem magnânimo e sempre presente. Sinto-me revigorado, e prospero em tudo o que faço. Estou em paz. Irradio paz e boa vontade para todos os meus alunos, para o chefe do meu departamento, para os membros do conselho escolar e os administradores, os outros professores e para todos os que estão à minha volta. Do fundo do meu coração, eu lhes desejo paz, alegria e felicidade. A inteligência e a sabedoria de Deus animam e sustentam todos os que frequentam as minhas aulas em todas as ocasiões, e estou iluminado e inspirado. Quando me sentir tentado a ter um pensamento negativo, pensarei de imediato no amor restaurador de Deus.

Comentário: Uma jovem professora se queixou para mim de que não estava obtendo resultados embora rezasse regularmente pedindo prosperidade e sucesso. Enquanto conversava com ela, descobri que, inconscientemente, ela estava sempre remoendo os seus problemas, criticando e culpando os alunos, os pais e a administração da escola. Ressaltei à jovem que, na verdade, ela estava desperdiçando os tesouros da vida existentes dentro dela em pensamentos negativos que eram destrutivos. Ela reverteu a sua atitude mental e repetiu com frequência esta afirmação com um profundo entendimento. Um mês depois, essa professora havia estabelecido a harmonia em todos os seus relacionamentos e recebido a promoção que desejava.

44ª semana
Crie e desenvolva o seu negócio

O meu negócio ou profissão é repleto de ação correta e expressão correta. As ideias, dinheiro, know-how e contatos que preciso são meus agora e em todas as ocasiões. Tudo isso é irresistivelmente atraído para mim pela lei da atração universal. Deus é a vida do meu negócio, e sou divinamente guiado e inspirado de todas as maneiras. Todos os dias encontro esplêndidas oportunidades de crescimento, expansão e progresso. Estou fortalecendo a boa vontade. Sou um grande sucesso, porque negocio com os outros como gostaria que eles negociassem comigo.

Comentário: Um negócio bem-sucedido nada mais é que uma boa ideia adequadamente executada. Muitas pessoas têm medo de abrir um negócio porque receiam não ter o que é preciso para executar as suas ideias. Esta afirmação o ajudará a atrair as ideias, o dinheiro, o pessoal e os contatos necessários para iniciar e desenvolver um negócio bem-sucedido. O intenso desejo e a convicção sincera de que o seu empreendimento será próspero, aliado a uma persistência sólida, resultará em sucesso.

45ª semana
Proteja a sua casa, os seus negócios e os seus bens

A presença ofuscante que direciona o trajeto dos planetas e faz o sol brilhar zela por todos os meus bens, a minha casa, o meu negócio e por todas as coisas que possuo. Deus é a fonte do meu suprimento, e este é o meu suprimento agora. As Suas riquezas fluem para mim de uma maneira livre, farta e abundante. Sou eternamente consciente do meu verdadeiro valor. Doo livremente os meus talentos e sou admirável e divinamente recompensando. Obrigado, meu Pai!

Comentário: Ao trazer diariamente à memória esta grande verdade, e ao observar as leis do amor, você prosperará de todas as maneiras, sendo sempre guiado e protegido. Você nunca sofrerá uma perda, porque escolheu o Altíssimo como o seu guia e conselheiro. O envoltório do amor de Deus o circunda, abarca e envolve em todos os momentos. Você repousa nos braços perpétuos de Deus.

46ª semana
Controle o medo irracional

Este medo nada mais é do que pensamentos e autoengano. Sou o senhor dos meus pensamentos. Eu me imagino na presença do objeto, fato, acontecimento ou circunstância, ou envolvido na atividade que temo. Estou confiante e seguro.

Comentário: O medo racional é benéfico. Você escuta um automóvel descendo pela rua na sua direção e salta para o lado a fim de sobreviver. O medo momentâneo de ser atropelado é dominado pela sua ação. Os medos irracionais lhe foram transmitidos pelos seus pais, parentes e professores, bem como por todos aqueles que influenciaram os seus primeiros anos de vida. Esses medos são falsos ou decorrem de crenças exageradas, como a de que todas as cobras representam uma séria ameaça, quando o fato é que quase todas as cobras são inofensivas e gostariam de evitá-lo tanto quanto você gostaria de fugir delas.

Ralph Waldo Emerson, poeta e filósofo, disse o seguinte: "Faça aquilo de que tem medo, e a morte do medo é certa." Comece por se imaginar enfrentando o que você teme. Por exemplo, se tem medo da água, vá até a piscina, olhe para a água e diga em alto e bom som: "Vou dominar você. Sou capaz de dominá-la." Em seguida, entre na água e tenha aulas de natação, se necessário. Lembre-se de que você é o senhor da água. Não permita que a água o controle. Quando você assume uma nova atitude mental, o poder onipotente do subconsciente responde, conferindo-lhe força, fé e confiança, possibilitando que você supere o seu medo.

47ª semana
Controle a ansiedade que antecede as provas

Compreendo que a mente subconsciente é um depósito de memória. Ela retém tudo o que preciso saber em todas as minhas provas, escritas ou orais. Irradio amor e boa vontade para todos os meus professores e colegas. Eu lhes desejo sinceramente sucesso e tudo o que é bom.

Comentário: Quando fazem provas e leem os seus trabalhos, os alunos muitas vezes constatam que todo o seu conhecimento repentinamente os abandonou. A mente deles se torna um vazio estarrecedor, e eles não conseguem recordar nenhum pensamento relevante. Quanto mais eles rangem os dentes e invocam os poderes da vontade, mais as respostas parecem fugir. No entanto, depois que deixam a sala de exames e a pressão mental relaxa, as respostas que estavam buscando invadem torturantemente a sua mente. Eles fracassaram porque tentaram se obrigar a recordar. Esse é um exemplo da lei do esforço invertido, segundo a qual você obtém o oposto daquilo pelo que rezou.

48ª Semana
Conserve o equilíbrio quando ameaçado

Eu sei que nenhum pensamento negativo jamais poderá lançar raízes na minha mente a não ser que eu lhe confira uma carga emocional e a aceite mentalmente. Eu me recuso a levar em conta a sugestão de medo de qualquer outra pessoa. Em consequência, nenhum dano pode me atingir. Eu trabalho e relaxo no oceano profundo e tranquilo da paz no centro no meu ser.

Comentário: Uma vez, quando eu dava palestras ao redor do mundo, conversei durante duas horas com um alto funcionário do governo. Ele transmitia um profundo sentimento de serenidade e paz interior. Afirmou que todas as ofensas políticas que recebe dos jornais e do partido da oposição nunca o perturbam. A sua prática é se sentar em silêncio pela manhã durante quinze minutos e reconhecer que existe no seu centro um oceano profundo de paz. Ao meditar dessa maneira, ele gera um tremendo poder, que supera todos os tipos de medo e dificuldades.

49ª semana
Acalme a mente perturbada

Determino agora para _____ que a inteligência, sabedoria e paz de Deus se manifestam nele/nela e que ele/ela está livre, radiante e feliz. Ele/ela está agora revestido/a da sua mente correta. A mente de Deus é a única mente real e eterna; esta é a mente de _____, e ele/ela está equilibrado/a, sereno/a, calmo/a, relaxado/a e em paz. Ele/ela está repleto/a de fé em Deus, na vida e em todas as coisas boas. É isso que determino e sinto, e o/a vejo sadio/a e perfeito/a. Obrigado, Pai.

Comentário: Quando você reza por alguém que sofre de uma doença mental, nem sempre a pessoa coopera com você. Ela pode ter deixado de raciocinar e discriminar. Na realidade, ela é governada pelos fantasmas do subconsciente que percorrem as sombrias galerias da sua mente. Ao rezar por essa pessoa, é necessário que você faça todo o trabalho sozinho. Você precisa convencer a si mesmo da liberdade, paz, harmonia e entendimento dela. Repita esta afirmação duas ou três vezes por dia com amor, afeto e convicção de que o seu ente querido está melhorando.

Ao repetir essas verdades para si mesmo, compreendendo que existe apenas uma mente, você chegará, pouco a pouco, a uma convicção dominante por meio de uma frequente representação na sua mente. Nesse momento, a pessoa para quem você está rezando ficará curada.

50ª semana
Permaneça jovem

A vida circula através de mim como a eletricidade através do fio. Ela é uma força perene que revigora constantemente a minha mente e o meu corpo. Antevejo com alegria cada dia em que encontro a oportunidade de aprender e desfrutar da beleza que me cerca. Estou sempre curioso para explorar as maravilhas do universo à medida que se revelam para mim. O meu conhecimento e experiência me preparam para superar os desafios que se erguem entre mim e os meus objetivos. Sou dinâmico, flexível e imortal.

Comentário: A mente subconsciente nunca envelhece. Ela é atemporal, eterna e infinita. Ela é parte da mente universal de existência e poder infinitos, que nunca nasceu e nunca morrerá. A fadiga e a velhice não podem se basear em nenhuma qualidade ou poder espiritual. Paciência, bondade, veracidade, humildade, boa vontade, paz, harmonia e amor fraterno são atributos e qualidades que jamais envelhecem. Se você continuar a gerar essas qualidades aqui, neste plano da vida, permanecerá sempre jovem no espírito.

51ª semana
Comprometa-se com o pensamento positivo

A partir deste momento só aceitarei na minha mente as ideias e pensamentos que curam, abençoam, inspiram e fortalecem.

Muito antes da Bíblia, a antiga sabedoria já revelava: "A pessoa se torna aquilo que imagina e sente." Esse antigo ensinamento está perdido na noite dos tempos, desaparecido na antiguidade. Pyotr Demianovich Ouspensky, matemático russo e pensador esotérico, enfatizou a importância do discurso interior ou solilóquio, porque o sentimento interior dá origem ao pensamento e à conduta exterior. A sua fala interior é agradável? Faça que as suas palavras, os seus pensamentos e sentimentos silenciosos estejam de acordo com o seu desejo. O Sr. Nicols, aluno de Ouspensky, costumava dizer: "Observe a sua fala interior e faça que ela esteja de acordo com o seu objetivo." O desejo e o sentimento reunidos em uma aliança mental se tornam a prece atendida.

52ª semana
Escreva a sua própria afirmação para combater um pensamento negativo ou destrutivo

_____
_____
_____
_____
_____
_____
_____

_____
_____
_____
_____
_____
_____

Comentário: Outras pessoas podem ter introduzido pensamentos negativos e autodestrutivos na sua mente ao longo da vida, como "Você vai ser um fracasso." "Você não tem a menor chance." "Tudo o que você faz dá errado." "Não adianta."

Identifique um pensamento negativo ou destrutivo que tenha sido introduzido no seu cérebro, escreva uma afirmação para combatê--lo e depois utilize a autossugestão (repetindo a afirmação) para suplantar o pensamento destrutivo por meio de um construtivo. Recondicione a sua mente dessa maneira para restabelecer pensamentos e comportamentos saudáveis.

PARTE III: TÉCNICAS ADICIONAIS

As afirmações são muito eficazes para semear pensamentos e desejos na mente subconsciente, que trabalha criativamente e com grande persistência para tornar esses pensamentos realidade. Entretanto, várias outras técnicas também são muito eficazes. Esta parte apresenta dez técnicas adicionais para você controlar os seus pensamentos e se tornar o senhor do seu destino.

A TÉCNICA DE PASSAR ADIANTE

Esta técnica consiste basicamente em induzir a mente subconsciente a assumir o pedido que lhe é entregue pela mente consciente. Essa transferência é mais bem concluída no estado de devaneio. Entenda que na mente mais profunda residem a inteligência infinita e o poder infinito. Pense calmamente no que você deseja; veja o desejo se tornar realidade a partir de agora. Seja como a menina que estava com tosse e tinha a garganta inflamada. Ela declarou repetidamente e com determinação: "Está passando. Está passando agora." Uma hora depois, os sintomas tinham desaparecido. Use esta técnica com total simplicidade e ingenuidade.

O SUBCONSCIENTE ACEITARÁ O SEU PROJETO

Se estivesse construindo uma casa nova para você e a sua família, você sabe que estaria profundamente interessado no projeto da casa; tomaria providências para que os construtores seguissem a planta à risca. Você ficaria atento ao material e escolheria apenas a melhor madeira e o aço mais resistente; selecionaria o melhor material possível. E com relação à sua casa mental e ao seu projeto mental para a felicidade e abundância? Todas as suas experiências e tudo o que entra na sua vida dependem da natureza dos elementos básicos mentais que você usa na construção da sua casa mental.

Se o seu projeto estiver repleto de padrões mentais de medo, preocupação, ansiedade ou escassez, e se você estiver desanimado, indeciso e cético, a contextura do material mental que você estiver tecendo na sua mente se manifestará como mais trabalho, cuidados, tensão, ansiedade e todos os tipos de limitações. A atividade mais fundamental e de maior alcance é aquela que você constrói na sua mentalidade enquanto está acordado. A sua palavra é silenciosa e invisível, mas mesmo assim é real. Você está construindo o tempo todo a sua casa mental, e o seus pensamentos e imagens mentais representam o seu projeto. A cada hora, a cada momento, você pode criar uma saúde radiante, sucesso e felicidade por meio dos pensamentos que tem, das ideias que alimenta, das crenças que aceita e das cenas que ensaia no estúdio oculto da sua mente. Essa mansão grandiosa, em cuja construção você está perpetuamente envolvido, é a sua personalidade, a sua identidade neste plano, a história de toda a sua vida na Terra.

BUSQUE UM NOVO PROJETO

Construa em silêncio a sua nova realidade concretizando paz, harmonia e boa vontade no momento presente. Ao se concentrar nessas coisas e reivindicá-las, o seu subconsciente aceitará o seu projeto e tornará realidade todas essas coisas. "Pelos seus frutos os conhecereis."

A PRECE CIENTÍFICA

A prece é a base de uma ideia relacionada a algo que você deseja realizar. É o desejo sincero da alma. O seu desejo é a sua prece. Ele procede das suas mais profundas necessidades e revela as coisas que você almeja na vida. A fome e a sede são preces atendidas várias vezes por dia para bilhões de pessoas. Você também pode ansiar por paz, harmonia, saúde, riqueza, alegria e outras bênçãos da vida e ter essas preces respondidas.

A prece científica envolve pensar no que você quer, no que você deseja. O termo "ciência" significa o conhecimento que é coordenado, organizado e sistematizado. Para rezar de maneira científica, você precisa formar uma clara imagem mental (coordenada, organizada e sistematizada) enquanto faz o pedido. "Pedi, e vos será dado; buscai, e achareis; batei, e vos será aberto." (Mateus 7:7). Você obtém aqui a informação de que receberá aquilo que pede. Será aberto quando você bater, e você encontrará o que está buscando. Esse ensinamento implica a certeza das leis mentais e espirituais. Existe sempre uma resposta direta da inteligência infinita da mente subconsciente para o pensamento consciente. Se você rezar pedindo pão, não receberá uma pedra.

Para receber, você precisa pedir acreditando. A mente se desloca do pensamento para o objeto. Se não houver uma imagem inicial na mente, ela não pode se mover, porque não há nada em direção ao qual ela pudesse avançar. A sua prece, que é o seu ato mental, precisa ser aceita como uma imagem na mente antes que o poder do subconsciente atue sobre ela e a torne produtiva. Você precisa alcançar na sua mente um ponto de aceitação, um estado de concordância irrestrito e incondicional. Essa contemplação deve ser acompanhada de um sentimento de alegria e tranquilidade na antevisão da consumação garantida do seu desejo.

A base sólida da arte e ciência da verdadeira prece é o conhecimento e a total confiança de que o movimento da mente consciente obterá uma resposta clara e específica do subconsciente, possuidor de sabedoria ilimitada e poder infinito. Se você seguir este método, as suas preces serão atendidas.

A TÉCNICA DA VISUALIZAÇÃO

A maneira mais fácil e óbvia de formular uma ideia é visualizá-la, enxergá-la com o olho mental com a mesma nitidez com que a veria se ela fosse concreta. Você só pode ver a olho nu o que já existe no mundo exterior; de forma semelhante, aquilo que você consegue visualizar com o olho mental já existe nas esferas invisíveis da sua mente. Qualquer imagem que você tenha na mente é a substância de coisas esperadas e a evidência de coisas não vistas. O que você forma na imaginação é tão real quanto qualquer parte do seu corpo. A ideia e o pensamento são reais, e um dia surgirão no seu mundo objetivo se você for fiel à imagem mental. Esse processo de pensamento forma impressões na mente; estas, por sua vez, se manifestam como fatos e experiências na sua vida.

O construtor visualiza o tipo de edificação que deseja; ele a vê como quer que seja concluída. As suas imagens e processos de pensamento se tornam um molde plástico a partir do qual o edifício emergirá — bonito ou feio, um arranha-céu ou um edifício muito baixo. As imagens mentais são projetadas enquanto são traçadas no papel. Mais à frente, o empreiteiro e os trabalhadores reúnem os materiais necessários e a construção avança até ser concluída, correspondendo perfeitamente aos padrões mentais do arquiteto.

Recorro à técnica de visualização antes de me dirigir a uma plateia. Silencio as engrenagens da minha mente para poder apresentar à mente subconsciente as minhas imagens de pensamento. Em seguida, visualizo o auditório e os assentos repletos de pessoas, cada uma delas iluminada e inspirada pela infinita presença restauradora interior. Eu as vejo radiantes, felizes e livres. Depois de formar a ideia na imaginação, tranquilamente a sustento como uma imagem mental enquanto imagino as pessoas dizendo: "Estou curado", "Estou me sentindo muito bem", "Tive uma cura instantânea", "Estou transformado". Pratico esta técnica durante dez minutos ou mais, sabendo e sentindo que a mente e o corpo de cada pessoa estão saturados de amor, plenitude, beleza e perfeição. A minha percepção aumenta e chega a um ponto no qual a minha mente consegue ouvir as vozes na multidão proclamando saúde e felicidade; libero então toda a imagem e me encaminho para o palco. Quase todos os domingos algumas pessoas me procuram para dizer que as suas preces foram atendidas.

A TÉCNICA DO FILME MENTAL

Os chineses dizem que uma imagem vale por mil palavras. William James, o pai da psicologia americana, diz que o seu subconsciente torna realidade qualquer imagem sustentada na mente e amparada na fé. Ajo como se eu fosse, e serei.

Há vários anos, eu estava no Meio-Oeste dos Estados Unidos dando palestras em vários estados e desejei ter um local permanente na região para poder auxiliar mais de perto os que buscavam ajuda. Viajei para longe, mas o desejo não deixou a minha mente. Certa noite, quando estava em um hotel em Spokane, no estado de Washington, relaxei completamente em um sofá, imobilizei a atenção e, de maneira passiva e tranquila, imaginei que estava diante de uma grande plateia, dizendo: "Estou feliz por estar aqui; rezei pedindo a oportunidade ideal." Vi no meu olho mental o público imaginário e senti a realidade de toda a situação. Desempenhei o papel do ator, dramatizei esse filme mental e me convenci de que a imagem estava sendo transmitida para a minha mente subconsciente, a qual, à sua própria maneira, a concretizaria.

Na manhã seguinte, ao acordar, tive uma grande sensação de paz e satisfação, e alguns dias depois recebi um telegrama que me pedia para assumir uma empresa no Meio-Oeste. Aceitei o convite e desfrutei lá um período imensamente produtivo durante vários anos. O método descrito agrada a muitas pessoas, que o descrevem como "método do filme mental".

Muitas pessoas que me ouvem falar no rádio e comparecem às minhas palestras públicas semanais me escrevem falando dos maravilhosos resultados que obtêm ao usar esta técnica na venda de propriedades. Sugiro aos que têm propriedades à venda que se convençam mentalmente de que o preço que estão pedindo é justo. Em seguida, declaro que a inteligência infinita está atraindo para eles o comprador que realmente deseja possuir a propriedade e que a amará e prosperará nela. Depois de fazer isso, sugiro então que essas pessoas silenciem a mente, relaxem, deixem de pensar no assunto e entrem em um estado sonolento, que reduz o esforço mental ao mínimo. Em seguida, elas devem imaginar que têm nas mãos o cheque, agradecer por ele e ir dormir sentindo a naturalidade do filme mental que criaram na mente.

Elas precisam agir como se a situação fosse uma realidade objetiva, o que fará a mente subconsciente aceitá-la como uma convicção, fazendo que, por meio das correntes mentais mais profundas, o comprador e o vendedor sejam reunidos. Uma imagem mental mantida na mente e amparada pela fé se tornará realidade.

A TÉCNICA DE BAUDOIN

Charles Baudoin era professor do Instituto Rousseau, na França. Ele era um brilhante psicoterapeuta e diretor de pesquisas da Nova Escola de Cura Nancy, que, em 1910, ensinava que a melhor maneira de inspirar a mente subconsciente era entrar em estado letárgico, ou um estado semelhante ao sono, no qual todo o esforço era reduzido ao mínimo. Em seguida, de maneira receptiva, passiva e tranquila, por meio da reflexão, ele transmitia a ideia ao subconsciente. A fórmula dele é a seguinte: condensar a ideia que deverá ser o objeto da sugestão, resumi-la em uma frase concisa que possa ser prontamente gravada na memória e repeti-la ininterruptamente como uma canção de ninar.

Há alguns anos, uma jovem de Los Angeles estava envolvida em um longo processo judicial familiar por causa de um testamento. O seu marido lhe deixara em herança todos os bens que possuía, mas os filhos dele de um casamento anterior estavam tentando de todas as maneiras invalidar o testamento. A técnica de Baudoin foi descrita para ela, e eis o que ela fez: relaxou o corpo em uma poltrona, entrou em estado de sonolência e, como sugerido, condensou a ideia da sua necessidade em uma frase que consistia em seis palavras facilmente gravadas na memória: "Tudo está concluído na ordem divina."

O significado dessas palavras para ela era que a inteligência infinita, operando por meio das leis da mente subconsciente, produziria uma acomodação harmoniosa por intermédio do princípio da harmonia. Ela continuou a utilizar o método todas as noites durante mais ou menos dez dias. Depois de entrar em estado de sonolência, ela repetia várias vezes, lenta e sossegadamente, com sentimento, a declaração "Tudo está concluído na ordem divina", sendo então tomada por uma sensação de paz interior e penetrante tranquilidade; em seguida, adormecia profunda e normalmente.

Na manhã do décimo primeiro dia, depois de usar a técnica que acaba de ser descrita, ela acordou com uma sensação de bem-estar, com a convicção de que a questão estava concluída. O seu advogado lhe telefonou nesse mesmo dia, dizendo que o advogado da outra parte e os clientes dele estavam querendo negociar. Chegaram então a um acordo harmonioso e o processo foi interrompido.

A TÉCNICA DO SONO

Quando você entra em estado de sonolência, o esforço é reduzido ao mínimo. A mente consciente fica em grande medida submersa quando você está nesse estado. O motivo disso é que o grau mais elevado de afloramento do subconsciente ocorre antes do sono e logo depois que acordamos. Nesse estado, os pensamentos negativos, que tendem a neutralizar o desejo e impedir que ele seja aceito pela mente subconsciente, não estão mais presentes.

Suponha que você queira se livrar de um hábito destrutivo. Assuma uma postura confortável, relaxe o corpo e fique quieto. Entre em estado de sonolência e, nesse estado, repita incessantemente, como uma canção de ninar, as seguintes palavras: "Estou completamente livre deste hábito; a harmonia e a paz de espírito reinam supremas." Repita lenta e tranquilamente a afirmação durante cinco ou dez minutos antes de pegar no sono, à noite, e depois de acordar, pela manhã. A cada vez que você repete as palavras, o valor emocional se torna maior.

Quando sentir o impulso de se entregar ao hábito negativo, repita em voz alta a fórmula descrita. Desse modo, você induz o subconsciente a aceitar a ideia e a cura terá lugar.

A TÉCNICA DO "OBRIGADO"

Paulo recomenda na Bíblia que tornemos conhecidos nossos pedidos por meio de elogios e agradecimentos. Este método simples de prece promove resultados extraordinários. O coração agradecido está sempre próximo das forças criativas do universo, fazendo um sem-número de bênçãos afluir para ele devido à lei do relacionamento recíproco, que se baseia na lei cósmica da ação e reação.

Um pai, por exemplo, promete ao filho que lhe dará um carro quando se formar; o rapaz ainda não ganhou o carro, mas está muito agradecido e feliz, alegre como se já tivesse recebido o presente. Ele sabe que o pai cumprirá a promessa e está repleto de gratidão e felicidade, embora ainda não tenha de fato recebido o carro. No entanto, mentalmente, ele já o recebeu com alegria e gratidão.

Sr. Broke, um homem desempregado e preocupado com as dívidas, aplicou esta mesma técnica e obteve excelentes resultados, dizendo: "As contas estão se acumulando, estou desempregado, tenho três filhos e nenhum dinheiro. O que vou fazer?" Todos os dias, de manhã e à noite, durante cerca de três semanas, ele repetiu as palavras "Obrigado, Pai, pela minha riqueza", de maneira relaxada e tranquila, até que o sentimento de gratidão dominou a sua mente. Ele imaginou que estava se dirigindo à inteligência e poder infinitos dentro de si, sabendo, é claro, que não poderia enxergar a inteligência criativa ou mente infinita. Ele estava vendo com o olho interior da percepção espiritual, compreendendo que a sua imagem de pensamento de riqueza era a causa primeira, relativa ao dinheiro, posição e comida de que precisava. O seu sentimento de pensamento era a substância da riqueza livre de qualquer tipo de condição anterior.

Ao repetir incessantemente "Obrigado, Pai", a mente e o coração dele foram elevados ao ponto da aceitação. Quando o medo e pensamentos de privação, pobreza e angústia lhe vinham à cabeça, ele dizia: "Obrigado, Pai", tantas vezes quantas fossem necessárias. Ele sabia que, ao manter a atitude de gratidão, recondicionaria a sua mente à ideia da riqueza, e foi exatamente o que aconteceu.

O resultado da prece do Sr. Broke é muito interessante. Depois de rezar da maneira que acaba de ser descrita, ele encontrou na rua um antigo empregador seu com quem não falava havia vinte anos. O homem lhe ofereceu um cargo muito bem remunerado e lhe adiantou uma boa quantia como empréstimo a curto prazo. Hoje, o Sr. Broke é vice-presidente da empresa na qual trabalha. Recentemente, ele comentou: "Nunca vou me esquecer dos milagres do 'Obrigado, Pai'! Funcionou às mil maravilhas comigo."

O MÉTODO ARGUMENTATIVO

Este método envolve exatamente o que a palavra implica e deriva do procedimento do Dr. Phineas Parkhurst Quimby. O Dr. Quimby, pioneiro da cura mental e espiritual, morava e exercia a sua atividade em Belfast, no Maine, havia mais ou menos cem anos. Você talvez encontre na biblioteca um livro chamado *The Quimby Manuscripts*, publicado em 1921 pela Thomas Y. Crowell Company, de Nova York, e editado por Horatio Dresser. O livro apresenta relatos de jornal sobre os extraordinários resultados obtidos por esse homem no tratamento dos doentes por meio da prece.

Quimby reproduziu muitos dos milagres de cura registrados na Bíblia. Em resumo, o método argumentativo empregado por Quimby consistia em um argumento espiritual no qual você convence o paciente e a si mesmo de que a doença que o acomete é causada por uma falsa crença, medos infundados e padrões negativos alojados na mente subconsciente dele. Você pondera isso claramente na sua mente e convence o paciente de que a doença ou indisposição provém apenas de um padrão de pensamento distorcido e tortuoso que se formou no corpo dele. Essa crença errônea em um poder e em causas externas se exteriorizou como uma doença, que pode ser modificada por meio da mudança dos padrões de pensamento.

Você explica à pessoa doente que a base de toda a cura é uma mudança de convicção. Você também ressalta que a mente subconsciente criou o corpo e todos os seus órgãos; por conseguinte, ela sabe como curá-lo, é capaz de curá-lo e está fazendo isso agora, enquanto você está falando. Você argumenta na sala do tribunal da sua mente que a doença é uma sombra da mente baseada na doença infiltrada por meio de imagens patológicas de pensamento. Você continua a acumular todas as provas que consegue reunir a favor do poder de cura interior, o qual, originalmente, criou todos os órgãos, e que tem dentro dele um padrão perfeito de cada célula, nervo e tecido. Em seguida, você apresenta um veredito no tribunal da sua mente favorável a si mesmo e ao seu paciente. Você liberta o doente por meio da fé e do entendimento espiritual. As suas provas mentais e espirituais são impressionantes; as mentes se tornam uma só, e o que você sente que é verdadeiro será ressuscitado na experiência do paciente.

O MÉTODO ABSOLUTO

Muitas pessoas ao redor do mundo praticam esta forma de tratamento com maravilhosos resultados. A pessoa que usa o método absoluto menciona o nome do paciente, por exemplo, John Jones, e depois pensa tranquila e silenciosamente em Deus e nas qualidades e atributos Dele, por exemplo, Deus é bem-aventurança, amor ilimitado, inteligência infinita, Todo-Poderoso, sabedoria sem limites, harmonia absoluta, beleza indescritível e perfeição.

Enquanto pensa dessa maneira, a pessoa ascende em consciência a um novo comprimento de onda espiritual, quando então sente que o oceano infinito do amor de Deus está agora dissolvendo tudo o que é diferente Dele na mente e no corpo daquele, para quem ela está rezando. A pessoa percebe que todo o poder e o amor de Deus estão neste instante concentrados nessa pessoa, e o que quer que o esteja incomodando ou atormentando é agora completamente neutralizado na presença do oceano infinito de vida e amor.

O método absoluto pode ser comparado à onda sonora ou terapia sônica, que recentemente me foi mostrada por um eminente médico de Los Angeles. Esse profissional tem um aparelho de ultrassom que oscila a uma frequência incrível e envia ondas sonoras a qualquer área do corpo para a qual seja direcionado. Essas ondas sonoras podem ser controladas, e o médico me contou que alcançara resultados extraordinários na dissolução de depósitos calcários artríticos, bem como na cura e remoção de outros distúrbios.

À medida que elevamos a consciência ao contemplar as qualidades e atributos de Deus, geramos ondas eletrônicas espirituais de harmonia, paz e saúde. Muitas curas extraordinárias são alcançadas por meio desta técnica.

O Dr. Phineas Parkhurst Quimby usou o método absoluto nos últimos anos da sua carreira de cura. Ele foi realmente o pai da medicina psicossomática e o primeiro psicanalista, e tinha a capacidade de diagnosticar a causa do distúrbio e das dores do paciente por meio da clarividência. O que apresento a seguir é um relato resumido da recuperação de uma pessoa incapacitada, conforme registrado nos textos de Quimby.

Quimby foi chamado à casa de uma mulher idosa, que estava incapacitada e acamada. Segundo ele, o problema da mulher era causado pelo fato de ela estar presa a um sistema de crença tão tacanho e estreito que a impedia de ficar em pé e se mover. Ela estava vivendo no túmulo do medo e da ignorância; além disso, estava interpretando a Bíblia de modo literal, o que a assustava. "Nesse túmulo", disse Quimby, "estavam a presença e o poder de Deus tentando romper as faixas, partir os elos e ressuscitar dos mortos." Quando ela pedia aos outros a explicação de alguma passagem da Bíblia, a resposta era uma pedra; ela então ansiava pelo pão da vida.

O Dr. Quimby diagnosticou o caso da mulher como sendo o de uma mente turva e estagnada em virtude da agitação e do medo, causados pela incapacidade de enxergar com clareza o significado da passagem da Bíblia que estivera lendo. Isso se manifestou no corpo dela como uma sensação pesada e letárgica, que terminaria como paralisia. Nesse ponto, Quimby perguntou a ela qual era o significado destes versos da Bíblia: "Ainda por pouco tempo estarei convosco e depois irei para junto Daquele que me enviou. Haveis de procurar-me e não me achareis; e não podereis ir aonde eu estiver." (João 7:33-34). Ela respondeu que significava que Jesus tinha ido para o céu.

Quimby explicou o que o texto realmente queria dizer, esclarecendo que estar com ela por pouco tempo significava a explicação dos sintomas e sentimentos dela, bem como das suas causas; ou seja, que ele sentia momentaneamente compaixão e solidariedade por ela, mas não poderia permanecer nesse estado mental. O passo seguinte era ir até Ele, que nos enviou, o que, como ressaltou Quimby, era o poder criativo de Deus em todos nós. Quimby viajou mentalmente de imediato e contemplou o ideal divino, ou seja, a vitalidade, inteligência, harmonia e poder de Deus funcionando na pessoa doente. Foi por esse motivo que ele disse à mulher: "Em consequência, você não pode vir até onde eu estou, porque você está na sua crença limitada e restrita, e eu estou saudável." Essa prece e a explicação produziram uma sensação instantânea que fez uma mudança ocorrer na mente da mulher. Em seguida, ela andou sem muletas!

Quimby disse que essa foi uma das suas curas mais notáveis. A mulher estava, por assim dizer, morta, e trazê-la para a vida ou para a verdade significou ressuscitá-la dos mortos. Quimby citou a ressurreição de Cristo e a aplicou ao Cristo ou à saúde da mulher, o que produziu um poderoso efeito nela. Ele também lhe explicou que a verdade, que ela aceitou, era o anjo ou a ideia, que empurrou para longe a pedra do medo, da ignorância e da superstição, liberando assim o poder de cura de Deus. Esse poder a tornou sadia.

O MÉTODO DO DECRETO

O poder entra no nosso mundo de acordo com o sentimento e a fé por trás dele. Quando percebemos que o poder que move o mundo está se movendo a nosso favor e respaldando a nossa palavra, a nossa segurança e autoconfiança aumentam. Não tentamos adicionar poder ao poder; por conseguinte, não é preciso haver esforço mental, coerção, força ou conflito mental.

Certa jovem usou o método do decreto em um rapaz que telefonava constantemente para ela, pressionando-a para marcar encontros e indo procurá-la no seu local de trabalho; ela estava tendo muita dificuldade em se livrar dele. Ela decretou o seguinte: "Libero _____ para Deus. Ele está no seu verdadeiro lugar em todos os momentos. Estou livre e ele está livre. Decreto agora que as minhas palavras avancem em direção à mente infinita e ela as torna realidade. Que assim seja."

A jovem disse que o rapaz desapareceu e ela nunca mais o viu. Ela acrescentou: "Foi como se a terra o tivesse engolido." "Decretarás uma coisa, e ela será estabelecida: e a luz brilhará sobre os teus caminhos." (Jó 22:28).

PARTE IV: LIBERE O PODER INFINITO

Existe dentro de você um poder infinito que pode enaltecê-lo, curá-lo, inspirá-lo, guiá-lo, orientá-lo e colocá-lo no caminho elevado da felicidade, liberdade, paz de espírito e alegria da vida realizada e triunfante.

Um grande número de pessoas dos mais diferentes estilos de vida progride diariamente, alcançando notáveis realizações. Elas são vigorosas, fortes e saudáveis, e estão contribuindo com um sem-número de bênçãos para a humanidade. Essas pessoas parecem imbuídas ou impregnadas de uma força primitiva que trabalha constantemente em benefício delas.

Você tem esse mesmo poder interior. Precisa apenas aprender a entrar em sintonia e se comunicar com esse poder infinito e colocá-lo em prática na vida do dia a dia. Eu me empenho aqui em explicar os grandes poderes básicos, fundamentais e ilimitados da sua mente na linguagem mais simples e direta possível.

Eu o encorajo a estudar estas páginas e aplicar as inúmeras técnicas eficazes sugeridas e programadas ao longo desta Parte. Estou convencido de que, à medida que fizer isso, o seu contato e comunicação mental com esse poder infinito interior o farão se erguer confiante acima da confusão, da aflição, da melancolia e do fracasso.

O poder infinito conduzirá você infalivelmente ao seu verdadeiro lugar, resolverá os seus problemas e dificuldades, o afastará para sempre das condições de privação e limitação e o colocará no caminho em direção aos aspectos mais elevados da vida, de maneira gloriosa e serena.

O QUE OS PODERES INFINITOS DA MENTE FIZERAM POR OUTRAS PESSOAS

Ensinei e escrevi a respeito dos poderes milagrosos da mente durante mais de trinta anos, no meu país e no exterior. Presenciei as seguintes mudanças na vida de um sem-número de pessoas que usaram sinceramente os poderes infinitos da mente:

- Riqueza abundante;
- Novos amigos e companheiros maravilhosos na vida;
- Proteção contra todos os perigos;
- A cura de doenças supostamente incuráveis;
- Liberdade em relação à autocondenação e à autocrítica;
- Prestígio, homenagens e reconhecimento público;
- Nova vitalidade e entusiasmo pela vida;
- Paz e felicidade conjugal quando antes havia discórdia;
- Serenidade neste mundo em transformação;
- E, acima de tudo, a alegria do pedido atendido.

Esse poder milagroso opera em todas as esferas e níveis da sociedade. De acordo com as minhas observações e experiência, aqueles que utilizam o poder infinito provêm de todos os níveis da sociedade e de todas as faixas de renda. São alunos do ensino médio e superior, profissionais de escritório, motoristas de táxi, professores universitários, cientistas, farmacêuticos, banqueiros, médicos, quiropráticos, donas de casa, CEOs, diretores de cinema, atores e motoristas de caminhão.

Essas pessoas descobriram esse poder misterioso, porém intensamente real que as livrou do fracasso, da angústia, da privação e do desespero, resolveu os seus problemas, enxugou as suas lágrimas e as libertou de complicações emocionais e financeiras. Em seguida, esse poder as colocou no caminho elevado que as libertou de fardos frustrantes e lhes proporcionou fama, prosperidade e novas e gloriosas oportunidades para uma vida realizada. Além disso, todas essas pessoas descobriram o mágico amor restaurador que reparou o seu coração magoado e partido e lhes restaurou a alma para que pudessem ter uma vida perfeita.

UMA ABORDAGEM PRÁTICA

Um dos aspectos mais singulares do poder infinito é a praticidade realista e a utilidade no dia a dia. Você aprenderá a usar a sua extraordinária capacidade inata para visualizar futuros eventos e deixar que a voz da intuição o oriente.

Você encontrará todos os métodos necessários para usar o poder infinito interior em técnicas simples e utilizáveis, e fórmulas que você poderá prontamente aplicar no mundo cotidiano. Além de responder a perguntas, esse poder também oferece soluções para problemas pessoais, por exemplo: como adquirir confiança e equilíbrio, como invocar o sucesso nos negócios ou na vida profissional, como usar a percepção extrassensorial para abençoar a si mesmo e aos outros, como receber a orientação divina, com que frequência rezar por uma pessoa doente, como cooperar com o médico e como usar as afirmações com eficácia. Este livro explica por que você talvez tenha rezado sem ter aparentemente recebido respostas, e ensina a pedir e a reconhecer a orientação divina. Tudo o que é necessário para o uso instantâneo dos tremendos poderes do infinito está nestas páginas, perfeitamente esclarecido e utilizável.

COMO DEIXAR QUE MARAVILHAS ACONTEÇAM NA SUA VIDA

As maiores verdades que operam na vida são as mais simples. Nesta parte, apresento essas grandes verdades com o máximo de simplicidade e com clareza excepcional. Nela explico como se elevar acima de quaisquer problemas que você possa ter e como receber a orientação e as bênçãos do pedido atendido.

Todos os dias da sua vida se tornarão mais preciosos, magníficos, nobres e maravilhosos à medida que você seguir as técnicas específicas apresentadas nestas páginas destinadas a liberar esse poder oculto infinito interior para tudo o que é bom. Siga as instruções e recorra a esse poder infinito, e você atrairá em abundância todas as coisas boas da vida.

Siga estas instruções e comece agora mesmo a liberar o esplendor aprisionado dentro de você, deixando que as maravilhas de tudo o que é bom e satisfatório aconteçam na sua vida.

# 1 Enriqueça a sua vida

O poder infinito interior pode afastar a doença, a melancolia, o fracasso e a frustração, colocando-o no caminho da saúde, da felicidade, da abundância e da segurança. Já vi transformações milagrosas acontecerem em homens e mulheres de todos os estilos de vida no mundo inteiro quando eles começaram a entrar em contato com esse poder infinito e liberá-lo dentro de si mesmos.

Vários meses atrás, passei duas horas em um hospital conversando com um alcoólatra que estava nas profundezas do desespero. Ele começou a usar esse poder e, como resultado, é agora forte, vigoroso e feliz, e está dirigindo um próspero negócio. Ele se modificou "num piscar de olhos", e o poder de cura infinito começou a circular através dele. O seu problema desapareceu, a paz invadiu a sua mente perturbada e ele voltou para a mulher e os filhos.

Esse poder infinito está firme e a postos, esperando decididamente dentro de você para ser liberado. Ele é capaz de transformar a sua vida de maneira tão completa, radical e maravilhosa que, depois de poucas semanas ou meses, é possível que seus amigos mais íntimos não o reconheçam.

Esse poder infinito foi a fonte de redenção de um criminoso condenado que havia assassinado várias pessoas, mas agora é um homem de Deus, ajudando os outros a viver a vida de maneira gloriosa e pacífica. Esse homem me disse o seguinte: "Um mês depois de começar a entrar em contato com esse poder infinito que você mencionou, eu me olhei no espelho e de repente me dei conta de que não era o mesmo homem. Não sou capaz de repetir nenhum dos meus crimes anteriores." Em seguida, acrescentou: "Estou começando a me perguntar se eu posso mesmo ter sido aquele assassino." Esse homem havia descoberto o poder dentro de si mesmo, o qual abre até mesmo as portas da prisão, e ele o libertou. A presença de cura infinita recuperou a sua alma.

Esse poder infinito também pode produzir milagres para você. À medida que for lendo este e os próximos capítulos, você compreenderá que pode dirigir o fluxo desse poder para ser capaz de receber novas ideias que valem uma fortuna. Tudo o que é preciso é ter a mente aberta e o desejo de levar uma vida plena, feliz, estimulante e abundante.

COMO VOCÊ PODE USAR ESSE PODER EXTRAORDINÁRIO

Através dos tempos, homens e mulheres vêm descobrindo um poder infinito que lhes revelou os seus talentos ocultos. Eles receberam inspiração do alto, e obtiveram um conhecimento maravilhoso e glorioso do depósito infinito existente dentro deles. Esse poder pode supri-lo com a sabedoria, a dinâmica e o poder necessários para alcançar os objetivos que você selecionou. Tudo o que você precisa fazer é cooperar e entrar em sintonia com Ele.

Você pode usar esse poder infinito para atrair o sócio adequado no seu negócio e encontrar os amigos apropriados; ele também pode lhe proporcionar a casa ideal. Você pode prosperar além dos seus sonhos mais ambiciosos e descobrir a alegria e a liberdade de ser, fazer e viajar como deseja o seu coração.

COMO UM MENSAGEIRO DE HOTEL DESCOBRIU O SEGREDO DA PROMOÇÃO INSTANTÂNEA

Durante as minhas viagens, dei uma palestra em Ottawa, no Canadá. Depois da palestra, um rapaz veio conversar comigo e me disse que tinha sido mensageiro de um hotel em Nova York durante dois anos e que um hóspede lhe dera de presente um livro intitulado *O poder do subconsciente*, obra de minha autoria. Ele o leu quatro vezes e, seguindo as orientações, começou a repetir antes de dormir: "Sou promovido agora. Tenho sucesso agora. Sou rico agora." Ele se embalava para dormir todas as noites com essas palavras e, no final de mais ou menos duas semanas, foi repentinamente nomeado gerente adjunto e, seis meses depois, gerente geral de uma cadeia de hotéis. Ele sabia que o poder que circulava através dele provinha de Deus. "Imagine só", disse ele, "durante vários anos da minha vida vivi em uma parte ínfima do enorme potencial que existe dentro de mim." Esse homem aprendeu a liberar o poder infinito interior, e toda a sua vida foi harmonizada por esse maravilhoso poder operante.

COMO UMA UNIVERSITÁRIA TRANSFORMOU O FRACASSO EM SUCESSO INSTANTÂNEO

Há alguns anos, uma estudante me procurou a pedido do pai. Ela estava tendo um mau desempenho na faculdade. Conversei com a jovem e constatei que o seu raciocínio era adequado e ela tinha uma base sólida de conhecimento. "Por que você se critica tanto? Por que tem uma opinião tão desprezível a respeito de si mesma?" Ela ficou consideravelmente vermelha e respondeu: "Ah, eu sou a incompetente da família. Meu pai diz que nunca vou ser grande coisa, que os meus irmãos são inteligentes, que puxaram a ele, e que eu sou tapada como a minha mãe." "Bem", contestei, "você é filha de Deus. Todos os poderes, atributos, qualidades e a sabedoria Dele estão dentro de você esperando para ser liberados e utilizados. Diga ao seu pai que eu mandei dizer que ele nunca deveria fazer essas declarações assustadoramente negativas para a sua filha, e que, ao contrário, deve encorajar você e lembrar-lhe que a infinita inteligência de Deus está dentro de você. Quando você a invocar, ela responderá. Diga também que as tendências genéticas dele estão provavelmente mais presentes em você do que as da sua mãe."

Então eu instruí a moça para que repetisse a seguinte afirmação todas as manhãs antes de ir para a faculdade e todas as noites antes de se deitar:

> Sou filha de Deus. Nunca mais vou subestimar os meus poderes interiores ou me depreciar de qualquer maneira. Exalto Deus em mim. Eu sei que Ele me ama e se preocupa comigo. Está escrito: "(...) Ele se preocupa contigo" (I Pedro 5:7). O que quer que eu leia e estude é prontamente absorvido pela minha mente e instantaneamente refletido para mim quando preciso. Irradio amor para o meu pai, irmãos e professores, bem como para a minha mãe na outra dimensão, onde sei que ela está livre e feliz. A inteligência infinita guia os meus estudos e me revela tudo o que necessito saber em todas as ocasiões. Tenho apreço por mim mesma e me avalio agora de maneira diferente, porque sei que o meu verda-

deiro Eu é Deus. Sempre que eu me vir propensa a me criticar ou condenar, afirmarei de imediato: "Deus me ama e se preocupa comigo. Sou filha Dele."

Ela praticou religiosamente esse processo de afirmação, e fico feliz por relatar que em pouco tempo as suas notas melhoraram e ela se formou na faculdade com distinção. A jovem descobriu o poder infinito para a vida perfeita e começou a liberá-lo. Parou de aceitar as insinuações negativas do pai e começou a exaltar Deus em si mesma.

COMO USAR O PODER INFINITO PARA FAZER OS SEUS SONHOS SE TORNAREM REALIDADE

Se você praticar os princípios do poder infinito para a vida perfeita como são descritos e revelados nas páginas que a seguir, verá que mudanças fantásticas e maravilhosas para o bem ocorrerão na sua vida. Os seus sonhos, aspirações, ideias e objetivos na vida são pensamentos, ideias e imagens mentais na sua mente. Você precisa compreender que a ideia ou desejo na sua mente é tão real quanto a sua mão ou o seu coração. Eles têm forma e substância em outra dimensão mental. Cada capítulo desta Parte lhe mostrará como aceitar o seu desejo, sentir a sua realidade e conhecer o poder infinito interior que o tornará concreto na ordem divina. O poder infinito que lhe confere o desejo também lhe revelará o plano perfeito para o seu desenvolvimento. Tudo o que você tem a fazer é aceitá-lo e acreditar nele, e a inteligência infinita existente dentro de você o tornará realidade.

COMO A SUA VIDA PODE SE TORNAR UMA AVENTURA EMOCIONANTE

O poder de fazer milagres do infinito já existia antes que eu e você tivéssemos nascido, antes mesmo que qualquer igreja ou até mesmo o próprio mundo existisse. As grandes verdades e princípios eternos da vida que abençoam, curam, inspiram e elevam antecedem todas as religiões. Você está prestes a fazer uma jornada pelos mais íntimos recônditos da sua mente, onde verá como tudo funciona e tomará conhecimento desse maravilhoso poder mágico, restaurador e transformador que enxuga todas as lágrimas. Você vai ver como ele cura as feridas dos que têm o coração partido, proclama liberdade para a mente amedrontada e impregnada pela doença e o liberta completamente das correntes autoimpostas da pobreza, do fracasso, da doença, da frustração e de todos os tipos de limitação.

Tudo o que você precisa fazer é seguir os métodos científicos simples que estão delineados nos capítulos seguintes e, depois, *se unir*, mental e emocionalmente, ao bem que você deseja vivenciar. O poder infinito o conduzirá então à realização do seu maior desejo.

A jornada mental e espiritual que você está empreendendo agora será o "capítulo" mais maravilhoso da sua vida — uma experiência de cura reveladora. Ela se revelará estimulante, alegre e gratificante. Comece agora, hoje. Deixe que maravilhas e milagres aconteçam na sua vida! Persista até que o dia amanheça e as sombras desaparecerão.

2 Estabeleça um padrão para uma vida mais abundante

Você nasceu para vencer e triunfar sobre todos os obstáculos na vida. Deus reside, caminha e fala dentro de você. Ele é o seu princípio vital interior. Você é um canal do divino, e está aqui para reproduzir todas as qualidades, atributos, poderes e aspectos de Deus na tela do espaço. Isso demonstra como você é importante e maravilhoso!

Para vencer e triunfar no jogo da vida, associe-se ao poder cósmico existente dentro de você. À medida que se sintonizar em pensamento e sentimento com esse poder infinito, você constatará que o poder cósmico está atuando no seu interesse e possibilitando que você seja vitorioso e tenha uma vida triunfante.

COMO UMA NOVA IMAGEM MENTAL DE SI MESMO PAGOU ABUNDANTES DIVIDENDOS

"Trabalho há dez anos na mesma empresa e não recebi nenhuma promoção ou aumento de salário. Deve haver algo errado comigo", queixou-se amargamente um homem, que chamaremos de John, durante a sua primeira consulta comigo. Enquanto conversava com ele, descobri que um padrão subconsciente de fracasso conduzia os seus assuntos.

John tinha o hábito constante de se subestimar, dizendo para si mesmo: "Não presto para nada, sempre passam por cima de mim, estou perdendo o meu emprego, alguém botou olho-grande em mim." Ele estava dominado pela autocondenação e autocrítica. Expliquei-lhe que esses eram dois dos venenos mentais mais destrutivos que ele poderia gerar, e que o despojariam de vitalidade, entusiasmo, energia e bom senso, acabando por deixá-lo emocionalmente exausto. Além disso, fiz outros comentários a respeito das suas declarações negativas, ressaltando que afirmações como "Não presto para nada, sempre passam por cima de mim" eram comandos para a sua mente subconsciente, que o interpretava literalmente, configurando na sua vida os mais diferentes tipos de bloqueios, atrasos, privações, limitações e obstáculos. O subconsciente é como o solo, que aceita indiferentemente todos os tipos de sementes, boas e ruins, e fornece nutrição para o desenvolvimento delas.

COMO JOHN DESCOBRIU DENTRO DE SI MESMO A CAUSA DO FRACASSO

Ele me perguntou: "É por isso que passam por cima de mim e não me dão atenção nas nossas reuniões habituais?" A minha resposta foi "Exatamente", porque ele havia formado uma imagem mental de rejeição e esperava ser desprezado e desconsiderado. Na verdade, ele estava bloqueando o seu próprio bem. John demonstrou a verdade bíblica milenar. "Aquilo que eu mais temia me aconteceu", (Jó 3:25).

COMO ELE PRATICOU UMA TÉCNICA REALISTA PARA O SUCESSO

Eis como John se desenredou dos padrões de autorrejeição, fracasso e frustração. Sugeri que ele se concentrasse nesta grande verdade:

> (...) mas uma coisa eu faço: esquecendo-me das coisas que ficaram para trás e avançando para as que estão adiante, prossigo para o alvo, para o prêmio da suprema vocação de Deus (...) (Filipenses 3:13-14).

Ele perguntou: "Como posso esquecer as ofensas, as mágoas e a rejeição? É muito difícil." Isso pode ser feito, mas, como lhe expliquei, ele precisava tomar a clara decisão de abandonar o passado e contemplar, por meio de uma determinação positiva, o sucesso, a vitória, a realização e a promoção. O seu subconsciente sabe o que você quer dizer com as suas palavras e lhe fará lembrar, automaticamente, devido ao hábito, que você tem a tendência de se depreciar, mas você de imediato reverterá o pensamento e afirmará o bem aqui e agora.

Ele começou a perceber a falácia, bem como a insensatez, de transportar uma carga mental de decepção e fracassos do passado para o futuro. É como carregar uma pesada barra de ferro nos ombros o dia inteiro, promovendo com isso a exaustão e a fadiga. Sempre que um pensamento de autocrítica ou autocondenação lhe vinha à mente, ele religiosamente o revertia afirmando: "Tenho sucesso, harmonia e sou promovido." Depois de algum tempo, o padrão negativo foi substituído por um hábito de pensamento construtivo.

COMO JOHN CONSEGUIU CONTROLAR A MENTE SUBCONSCIENTE PARA O SUCESSO

Eu lhe dei a técnica simples descrita a seguir para impregnar a sua mente subconsciente. John deveria começar a praticar a arte de imaginar a esposa parabenizando-o pela promoção que obtivera, ao mesmo tempo que o abraçava alegre e entusiasmada. Ele tornou essa imagem mental muito intensa e real imobilizando a atenção, relaxando o corpo e focalizando a lente da mente na esposa. Ele conversava mentalmente com ela da seguinte maneira:

> Querida, recebi hoje uma incrível promoção. O chefe me elogiou e eu vou ter um grande aumento de salário. Não é maravilhoso?

Ele então imaginava a resposta da esposa, ouvia seu tom de voz e via nitidamente o sorriso e os gestos dela. Tudo era muito real na sua mente. Aos poucos, esse filme mental se deslocou, por meio de uma espécie de pressão osmótica, da mente consciente para a subconsciente. Há poucos dias, John veio me ver e disse: "Eu precisava lhe contar. Fui nomeado gerente regional! O filme mental funcionou!"

Tendo aprendido o funcionamento da mente, John começou a perceber que o seu padrão habitual de pensamento, aliado ao filme mental, estavam penetrando as camadas da sua mente subconsciente e que esta última estava sendo ativada para atrair tudo o que ele precisava para tornar realidade os seus desejos mais almejados. Como diz a Bíblia:

Por isso, vos digo que tudo quanto em oração pedirdes, crede que o recebestes, e vos será dado (Marcos 11:24).

Esta é uma maneira simples de lhe revelar que, quando você acredita e vive na alegre expectativa do melhor, recebe o bem que procura. John acreditou firmemente que receberia privilégios, reconhecimento, uma promoção e um aumento de salário. De acordo com a sua crença, o que ele queria lhe foi dado.

Hoje John é um homem renovado e feliz. Ele está animado e transbordando entusiasmo. Há luz nos seus olhos e um novo tom emocional na sua voz que indica autoconfiança e equilíbrio.

COMO UMA IMAGEM MENTAL PRODUZIU UM MILHÃO DE DÓLARES

Tive uma conversa no hotel spa Palm Springs com um homem de San Pedro que me disse que, aos 40 anos, levava uma vida de decepção, fracasso, depressão e desilusão no momento em que assistiu a uma palestra sobre "O milagre da mente", apresentada na sua região pelo falecido Dr. Harry Gaze, palestrante internacional.

O homem acrescentou que, depois de ouvir a palestra, começou a acreditar em si mesmo e nos poderes interiores. Ele sempre desejara possuir e gerenciar um cinema, mas havia sistematicamente fracassado em tudo e não tinha dinheiro. Começou então a fazer a seguinte afirmação: "Eu sei que posso ter sucesso e vou ser dono de um cinema e gerenciá-lo."

Ele me disse que hoje tem um grande patrimônio e é dono de dois cinemas. Foi bem-sucedido apesar de enfrentar desvantagens supostamente insuperáveis. A mente subconsciente sabia que ele era sincero e que tinha a intenção de ser bem-sucedido. Ela conhece a nossa motivação interior e a nossa verdadeira convicção. Eis o que diz a Bíblia: "Decretarás uma coisa, e ela será estabelecida..." (Jó 22:28).

A fórmula mágica para o sucesso desse homem era a imagem mental que ele carregava e à qual permanecia fiel. A mente subconsciente lhe revelou tudo o que era necessário para promover o seu sucesso.

COMO UMA ATRIZ TRIUNFOU SOBRE O FRACASSO

Uma jovem atriz me procurou, queixando-se amargamente do medo do palco e do pânico que sentia durante as audições e os testes para filmes. Ela me disse que por três vezes deixara de passar nos testes, expandindo as suas sombrias queixas em um prolongado discurso.

Logo descobri que o seu verdadeiro problema era o fato de ela ter uma imagem mental de pânico diante da câmera e que, como o Jó de outrora, estava se condenando ao fracasso: "Aquilo que eu mais temia me aconteceu..." (Jó 3:25).

Como ela obteve confiança e equilíbrio

Ensinei a essa jovem atriz o funcionamento da mente consciente e da mente subconsciente, e ela começou a perceber que, à medida que voltava a atenção para pensamentos construtivos, automaticamente introduzia na sua experiência os benefícios resultantes dos pensamentos nos quais se concentrava. Ela concebeu o seu próprio plano de pensamento linear, consciente de que existe uma lei mental que responde ao que decidimos ser, desde que, é claro, acreditemos no que afirmamos ser verdade a respeito de nós mesmos. Por exemplo, quanto mais você afirmar para si mesmo que está com medo, mais medo você produzirá. Por outro lado, quanto mais você declarar que está repleto de fé e confiança, mais confiança e autossegurança desenvolverá.

Sugeri que ela datilografasse as seguintes afirmações em uma ficha de arquivo:

> Estou repleta de paz, equilíbrio e autocontrole.
> Não temo nenhum mal porque Deus está comigo.
> Estou sempre serena, calma, relaxada e à vontade.
> Estou repleta de fé e confiança no único poder que existe — Deus.
> Nasci para vencer, ter sucesso e triunfar.
> Sou bem-sucedida em todos os meus empreendimentos.
> Sou uma atriz maravilhosa e obtenho um imenso sucesso.
> Sou amorosa, harmoniosa e tranquila, e me sinto em união com Deus.

Ela passou a carregar esse cartão com ela. Quando estava em um trem, avião ou nos frequentes intervalos que tinha durante o dia, concentrava a mente nessas verdades. Na realidade, ela as decorou depois de três ou quatro dias. Ao reiterar essas verdades, elas penetravam na sua mente subconsciente, e a jovem atriz descobriu que essas afirmações, que continham maravilhosas vibrações espirituais, neutralizavam os padrões nocivos de medo, dúvida e inadequação na mente subconsciente. Ela se tornou segura, serena, calma e repleta de autoconfiança. Descobriu o poder cósmico para a vida perfeita.

Como o seu "filme mental" produziu um milagre

A jovem atriz praticou a seguinte técnica durante cerca de cinco ou seis minutos pela manhã, à tarde e à noite:

> Ela relaxava o corpo, se sentava quieta em uma cadeira e começava a imaginar que estava diante da câmera — confiante, serena, calma e relaxada. Visualizava-se completamente bem-sucedida e imaginava que estava ouvindo comentários elogiosos do autor e do seu agente. Interpretava o papel como somente uma boa atriz poderia fazer e o tornava muito real e eloquente. Compreendia que o poder cósmico que move o mundo também se deslocava através da imagem mental na sua mente, compelindo-a a fazer apresentações maravilhosas.

Algumas semanas depois, o seu agente lhe conseguiu outro teste cinematográfico, e ela estava tão entusiasmada com a ideia do triunfo que teve um desempenho magnífico. Hoje, com sucesso após sucesso, ela está a caminho de se tornar uma grande estrela.

VOCÊ É RICO E BEM-SUCEDIDO POR CAUSA DO QUE É INTERIORMENTE

Tive uma conversa interessante com um homem no Kona Inn na ilha do Havaí, e ele me contou a fascinante história da sua juventude. Ele nasceu em Londres, na Inglaterra, e quando era bem pequeno a sua mãe lhe disse que ele nascera pobre, mas que o seu primo nascera rico e com uma enorme fortuna porque essa era a maneira como Deus iguala as coisas. Ele disse que, mais tarde, descobriu que o que ela queria dizer era que em uma vida anterior ele tinha sido muito rico e agora Deus estava ajustando as contas com ele, de modo que o enviara para a Terra e o fizera nascer pobre para igualar a justiça.

"Encarei isso como um total absurdo", disse ele. "Além do mais, compreendi que a lei cósmica não discrimina pessoas, que Deus dá para todos *de acordo com a maneira como acreditam*, e que um homem pode ser multimilionário e possuir milhões de libras esterlinas e ao mesmo tempo ser extremamente iluminado e espiritualizado. Algumas das pessoas financeiramente pobres, por outro lado, eram extremamente malévolas, egoístas, invejosas e gananciosas."

Quando jovem, esse homem vendeu jornais e lavou janelas em Londres; estudou à noite e pagou a faculdade com o seu próprio esforço; hoje ele é um dos maiores cirurgiões da Inglaterra. O seu lema na vida é o seguinte: "Você vai para onde está a sua visão." A visão dele era se tornar um cirurgião, e a sua mente subconsciente respondeu de acordo com a imagem mental que ele mantinha na mente consciente.

O pai do seu primo fora multimilionário e dera ao filho tudo o que era possível: professores particulares, viagens de estudo à Europa, e ainda o enviara para a Universidade de Oxford por cinco anos. O filho tinha empregados, automóveis e todas as despesas pagas. O primo se revelou um fracasso! Fora mimado em excesso e não era autoconfiante nem autossuficiente. Não tinha propósito, obstáculos a superar ou dificuldades a vencer. Ele se tornou alcoólatra e um enorme fracasso na arte de viver.

Quem era rico e quem era pobre? O cirurgião superou as suas desvantagens. Ele me disse que se sentia grato por ter vencido da maneira mais árdua. "A justiça está na mente, e, se a pessoa concorda em viver com um centavo por dia, é isso que ela vai receber." Esse homem descobriu que as riquezas, o sucesso, a realização e a prosperidade estão todos na mente, porque o que semeamos na mente subconsciente é exatamente o que colheremos.

POR QUE A SUA OPORTUNIDADE NA VIDA ESTÁ SEMPRE COM VOCÊ

Certo homem me disse recentemente: "Não tive nenhuma chance na vida. Nasci em uma família pobre e nunca tínhamos comida suficiente. Eu via outros meninos na escola cujos pais tinham casas maravilhosas, piscinas, automóveis e todo o dinheiro de que precisavam. A vida é muito injusta!"

Expliquei a ele que, não raro, as privações da pobreza podem ser o ímpeto que nos empurra em direção ao auge do sucesso. Uma bela casa, uma piscina, riquezas, prestígio, sucesso, uma carruagem de ouro, um Rolls Royce são ideias que existem na mente do homem, que é um só com a mente infinita de Deus.

O SEGREDO DE HELEN KELLER DO BEM NA SUA VIDA

Expliquei para esse homem que o modo de pensar de muitas pessoas é completamente ilógico, irracional e extremamente pouco científico. Dizem, por exemplo, que o nascimento de Helen Keller foi uma injustiça, já que ela foi privada dos sentidos da visão e da audição desde que era bebê. No entanto, ela começou a usar as riquezas da mente e pôde "ver" com os seus olhos azuis, provavelmente melhor do que a maioria das pessoas, as cores de todo o esplendor da ópera; os seus ouvidos surdos, de forma semelhante, conseguiam "ouvir" os crescendos e diminuendos, bem como o pleno volume da música da orquestra. Ela tinha perfeita consciência das notas límpidas da soprano lírica e era capaz de captar o humor da peça.

Helen Keller realizou um bem extraordinário ao mundo. Por meio da meditação e da afirmação, ela despertou o olho interior e elevou a mente e o coração de surdos e cegos em toda parte. Contribuiu para a fé, confiança, alegria e uma enorme exaltação espiritual de milhares de pessoas no mundo, particularmente as confinadas ao leito em hospitais e casas de repouso. Na realidade, ela realizou mais coisas do que muitas pessoas que têm olhos e ouvidos sadios. Ela não foi infeliz ou discriminada quando nasceu. Não existe nada mais poderoso que uma pessoa desprivilegiada ou superprivilegiada.

A CHAVE MÁGICA DO SUCESSO

O homem ficou profundamente comovido com a história de Helen Keller, e descrevi para ele o plano cósmico para o sucesso na forma da seguinte afirmação:

> Estou no meu verdadeiro lugar na vida, fazendo o que adoro fazer, e estou divinamente feliz. Tenho uma casa encantadora, uma mulher amável e maravilhosa e um carro novo. Doo meus talentos ao mundo de modo admirável, e Deus está me revelando maneiras melhores pelas quais posso ser útil à humanidade. Aceito decidida e positivamente o fato de que uma nova e maravilhosa oportunidade está surgindo para mim. Sei que sou divinamente conduzido de todas as maneiras à minha mais elevada expressão. Acredito e aceito as oportunidades que estão surgindo agora

para mim. Creio que estou prosperando além dos meus sonhos mais otimistas.

Ele datilografou essa afirmação em um cartão que levava sempre consigo e passou a repetir essas verdades de modo sistemático e regular durante quinze minutos, três vezes por dia. Quando o medo ou a ansiedade lhe vinham à mente, ele pegava o cartão e reiterava essas verdades, ciente de que os pensamentos negativos são sempre removidos e dissipados pelos pensamentos construtivos mais elevados.

O poder da crença em ação

Ele compreendeu que as ideias são transmitidas ao subconsciente por meio da repetição, da crença e da expectativa, e o poder milagroso da sua mente subconsciente se pôs a trabalhar sobre as impressões gravadas nela, já que é da sua natureza reagir ao pensamento habitual.

Três meses depois, todas as coisas a respeito das quais o homem meditou aconteceram. Ele se casou e adquiriu uma casa encantadora, tem o seu próprio negócio que a esposa comprou para ele e está divinamente feliz fazendo o que adora. Ele se tornou membro da Câmara Municipal e está dando assistência aos escoteiros e a outras organizações beneméritas. Ele teve a sua oportunidade na vida — e você também tem!

COMO UM VENDEDOR AJUDOU A SI MESMO A CONSEGUIR UMA PROMOÇÃO

Um vendedor da área farmacêutica não recebia uma promoção havia oito anos; no entanto, colegas seus, aparentemente menos qualificados, tinham sido promovidos a níveis mais elevados na empresa. O problema dele era o complexo de rejeição.

O meu conselho foi que ele fosse mais gentil consigo mesmo e se amasse mais, porque, na realidade, o Eu é Deus. Eu lhe expliquei que ele era a casa onde Deus vivia, e que deveria ter um respeito saudável, reverente e salutar pela divindade dentro de si que o criara e o equipara com todos os poderes do ente supremo. Isso possibilitaria que ele transcendesse todos os obstáculos, se tornasse abastado, atingisse a perfeita expressão e se tornasse capaz de levar uma vida plena e feliz.

Esse vendedor logo compreendeu que a quantidade de energia mental necessária para alimentar os pensamentos construtivos e os destrutivos é a mesma. Decidiu então parar de pensar nas razões pelas quais não poderia ter sucesso e começou a pensar nos motivos pelos quais poderia vir a ser muito bem-sucedido. Ele praticou com a seguinte afirmação:

> A partir deste momento, atribuo um novo valor a mim mesmo. Estou consciente do quanto realmente valho. Vou parar de me rejeitar e decididamente nunca mais me depreciarei. Seja qual for o pensamento de autocrítica que tente me invadir, afirmarei de imediato: "Exalto Deus em mim." Respeito e reverencio o meu Eu que é Deus. Mantenho um respeito saudável, benéfico e reverente pelo meu poder infinito interior, que é onissapiente e onisciente; Ele é o ser eterno e o poder e presença eternos que se autorrenovam. Dia e noite avanço e cresço espiritualmente, mentalmente e financeiramente.

Esse vendedor reservou um determinado período três vezes por dia para se identificar com essas verdades, insuflando aos poucos a mente com estabilidade e equilíbrio, além do sentimento quanto aos seus verdadeiros valores. Como resultado, depois de mais ou menos três meses, ele se tornou gerente de vendas do Meio-Oeste. Ele me disse recentemente em um bilhete: "Estou subindo, graças a você."

A técnica do espelho mágico

Além do exercício mental e espiritual que acabo de descrever, e a fim de possibilitar que ele percebesse o verdadeiro sentido do seu valor e importância no plano da vida como um ser humano dotado de habilidades e talentos únicos e extraordinários latentes dentro de si e ainda não liberados, recomendei que ele praticasse o tratamento milenar do espelho. Eis como o homem o praticou, em suas próprias palavras:

> Todas as manhãs depois de me barbear, eu me olhava no espelho e afirmava com ousadia, sentimento e propósito: "Tom, você é realmente incrível, um tremendo sucesso, repleto de fé e confiança e imensamente rico. Você é amoroso, harmonioso e inspirado." Sou um com Deus, e ser um com Deus significa maioria. Dou seguimento a essa prática todas as manhãs. Estou impressionado com as inúmeras mudanças maravilhosas que aconteceram nos meus negócios, finanças, círculo de amizades e na minha vida em família. Faz dois meses que você me ensinou essas duas afirmações, e fui promovido a gerente de vendas no Meio-Oeste.

Esse vendedor se identificou com as verdades que afirmava e estabeleceu uma nova imagem de si mesmo, saturando assim a mente de estabilidade, equilíbrio, prosperidade e autoconfiança. Ele acreditava implicitamente na resposta da mente subconsciente à atividade da mente consciente, descobrindo desse modo a majestosa verdade psicológica da Bíblia: "Se podes acreditar, tudo é possível àquele que crê" (Marcos 9:23).

COMO UM GERENTE DE ESCRITÓRIO SUPEROU SEUS DEFEITOS DE PERSONALIDADE

Durante uma consulta, um gerente de escritório me disse que todos os que trabalhavam na empresa achavam que ele era muito mandão, crítico e sombrio; a rotatividade de pessoal era constante, e o gerente-geral tinha se queixado do número de pedidos de demissão.

Expliquei a ele que exercer em excesso a autoridade geralmente é sinal de insegurança; a pessoa está querendo se sentir autoconfiante. Ela pode ter a mente calma e organizada, nunca dar ordens a torto e a direito de maneira arrogante e, no entanto, ser completamente autoconfiante; as pessoas barulhentas e vociferantes carecem de sinceridade e equilíbrio interior.

Por sugestão minha, esse gerente começou a elogiar alguns funcionários pelo trabalho bem-feito e constatou que geralmente obtinha uma reação amigável correspondente, porque ao elogiar os seus subordinados ele estava aumentando a confiança deles em si mesmos. Além disso, abandonou as críticas e censuras constantes, que prejudicavam a harmonia do escritório, e também suspendeu a autodepreciação, que, na verdade, era a causa do seu problema.

Técnica secreta para a obtenção de uma personalidade melhor para o sucesso

A fim de erradicar a melancolia, ele começou a praticar a respiração profunda combinada com uma afirmação específica. Enquanto inalava, declarava "Eu sou"; enquanto soltava o ar, afirmava "animado". Por meio da prática, conseguiu prender a respiração por um período mais longo entre a inalação e a exalação. Ele praticou essa respiração profunda cinquenta e depois cem vezes até receber uma resposta subconsciente profunda. Agora, diz que obtém melhores resultados pensando "Sou animado" enquanto inspira e expira. Ele demonstrou o valor fisiológico e a sensação de bem-estar que rotineiramente acompanha a respiração profunda, o que também favorece a impregnação da mente subconsciente com ideias construtivas.

Além disso, ele praticou a prescrição mental e espiritual descrita a seguir várias vezes por dia fazendo a seguinte afirmação:

> A partir deste momento, interrompo toda a autocrítica. Eu sei que nada é perfeito neste universo, assim como também compreendo que não é concebível que todos os meus funcionários e companheiros sejam perfeitos sob todos os aspectos. Eu me alegro com a confiança, lealdade, cooperação e interesse no trabalho bem-feito deles. Identifico-me constantemente com as características positivas de cada um dos meus companheiros.
>
> Estou sempre confiante ao fazer o que conheço bem e diariamente me sinto mais seguro sob outros aspectos. Sei que a autoconfiança e a assertividade são hábitos, e posso desenvolver o hábito maravilhoso da assertividade da mesma maneira que recentemente parei de fumar. Supero a timidez por meio da fé e da confiança em um poder onipotente que responde ao meu modo de pensar habitual. Trato com delicadeza todos os meus funcionários. Saúdo a divindade interior deles e reitero constantemente o seguinte: "Posso fazer todas as coisas por intermédio do poder de Deus que me fortalece." Quando tenho pensamentos de auto-

crítica, eu os supero de imediato com a seguinte verdade: "Exalto Deus que está em mim."

Esse gerente de escritório adotou a prática de repetir essas verdades cerca de seis vezes consecutivas, três vezes por dia, devagar, tranquila e amorosamente, consciente do que estava fazendo e do motivo pelo qual o estava fazendo. Ele estava construindo um hábito novo e construtivo que desalojou o antigo. Ao final de seis semanas, ele era um homem transformado, repleto de serenidade e autoconfiança. Ele literalmente se promoveu a vice-presidente da corporação com um substancial salário anual.

A Bíblia está certa quando diz: "(...) Mas transformai-vos pela renovação da vossa mente..." (Romanos 12:2).

3 Obtenha poder e controle sobre a sua vida

Recebo constantemente cartas de todo o país e do exterior e noto que quase todas as pessoas que me escrevem sofrem grandes oscilações na sorte e na prosperidade. Muitas dizem algo nos seguintes moldes: "Vivo bem durante vários meses, tanto do ponto de vista da saúde quanto das finanças, e de repente vou parar no hospital, sofro um acidente ou tenho um grande prejuízo financeiro." Outras relatam: "Às vezes me sinto feliz, alegre, animado e transbordante de entusiasmo, e de repente sou invadido por uma intensa onda de depressão. Não consigo entender o que acontece."

Acabo de ter uma conversa com um executivo que há alguns meses tinha alcançado o que chamou de auge do sucesso e então, nas próprias palavras dele, "o telhado desabou" na sua cabeça. Ele perdera a sua casa, a esposa o tinha abandonado e ele sofrera um imenso prejuízo no mercado de ações. Ele me perguntou: "Por que subi tão alto e despenquei de repente? O que estou fazendo de errado? Como posso controlar esses altos e baixos?"

COMO UM EXECUTIVO OCUPADO APRENDEU A CONTROLAR A SUA PRÓPRIA VIDA

Esse executivo queria escapar das oscilações da sorte e da saúde e levar uma vida equilibrada. Eu lhe expliquei que ele poderia dirigir a sua vida da mesma maneira que dirige o seu carro todas as manhãs para o trabalho: o sinal verde nos diz que podemos seguir em frente, tirar o pé do freio e pisar no acelerador. Paramos nos sinais vermelhos e, obedecendo às leis do trânsito, chegamos ao nosso destino na ordem divina.

Dei a ele a seguinte fórmula espiritual, com instruções para que afirmasse estas verdades pela manhã antes de entrar no carro, à tarde depois do almoço e à noite antes de dormir:

> Eu sei que sou capaz de dirigir os meus pensamentos e imagens. Estou no controle e posso determinar que os meus pensamentos prestem atenção ao que desejo. Sei que existe dentro de mim uma presença e poder divino que estou agora ressuscitando e que atende ao meu chamado mental. A minha mente é a mente de Deus, e estou sempre refletindo a sabedoria e a inteligência divinas. O meu cérebro simboliza a minha capacidade de pensar sábia e espiritualmente. Estou sempre estável, equilibrado, calmo e sereno. As ideias de Deus governam a minha mente e estão em completo controle; não estou mais sujeito a violentas oscilações de humor, saúde e riqueza. Os meus pensamentos e palavras são sempre construtivos e criativos. As minhas palavras são repletas de vida, amor e sentimento, o que torna criativos os meus pensamentos, afirmações e palavras. A inteligência divina atua por meu intermédio, revela o que preciso saber, e estou em paz.

O executivo adquiriu o hábito de usar essa afirmação de maneira regular e sistemática e, ao continuar a fazer isso, gradativamente recondicionou a sua mente à harmonia, saúde, serenidade e estabilidade. Ele não sofre mais aquelas mudanças na sorte que mencionou, e está levando uma vida estável, equilibrada e criativa.

A Bíblia diz o seguinte: "Conservarás em perfeita paz aquele cuja mente se apoia em ti, porque ele confia em ti." (Isaías 26:3).

COMO UMA PROFESSORA VENCEU A FRUSTRAÇÃO

Eis o que certa professora declarou na sua primeira consulta comigo: "Caí na rotina. Estou frustrada; fracassei no amor. A minha mente e o meu corpo estão doentes. Estou repleta de culpa e me sinto intelectualmente incompetente. Henry Thoreau estava certo quando afirmou que a maior parte da humanidade leva uma vida de desespero silencioso!"

Essa jovem era bastante atraente, culta, muito inteligente e intelectualmente competente, mas estava se depreciando por ser dominada pela autocondenação e autocrítica, que são venenos mentais e nos privam de vitalidade, entusiasmo e energia, deixando-nos física e mentalmente aniquilados.

Expliquei a ela que todos temos os nossos altos e baixos, ficamos deprimidos, angustiados e doentes, até que decidimos controlar a nossa vida e gerar o nosso próprio modo de pensar positivo. Caso contrário, todos estaremos sujeitos à mentalidade dominante que acredita na doença, nos acidentes, na fatalidade e nas tragédias. Além disso, sentimos que estamos subordinados às condições e ao ambiente, e que somos vítimas da hereditariedade e da nossa formação e doutrinação iniciais.

A mágica de abandonar os hábitos frustrantes de pensamento

O nosso estado mental e as nossas crenças, convicções e condicionamento controlam e determinam o nosso futuro. Expliquei à professora que a sua condição atual era causada simplesmente pela força e poder habituais de milhares de pensamentos, imagens e sentimentos que ela adquirira consciente e inconscientemente e repetira ao longo de muitos anos.

Além disso, acrescentei: "Você disse que viajou várias vezes pela Europa, Oriente e América do Norte, mas não viajou para nenhum lugar *dentro de si mesma*. Você é como o ascensorista que diz: 'Subo e desço o dia inteiro, mas não vou a nenhum lugar na vida.' Você está repetindo os mesmos antigos padrões de pensamento e desejo inúteis — os mesmos procedimentos de rotina, aliados à constante agitação mental, confusão e queixas contra os seus superiores, alunos e o conselho escolar."

Como viajar mental e espiritualmente para a autorrenovação

Ela decidiu efetuar uma mudança definitiva, sair da antiga rotina e começar a vivenciar as belezas, satisfações e glórias da vida. Passou a afirmar as verdades várias vezes por dia, sabendo que aquilo que aceitasse conscientemente encontraria o caminho da mente subconsciente, e que por meio da repetição ela readaptaria a mente ao sucesso, felicidade e alegria da vida que merecia viver. Este medicamento espiritual foi assimilado pelos seus olhos e ouvidos várias vezes por dia:

Viajarei mental e espiritualmente dentro de mim mesma e descobrirei o tesouro da eternidade nas minhas profundezas. Estou decidida a romper definitiva e categoricamente a velha rotina. Irei todas as manhãs para o trabalho por um caminho diferente e voltarei por outro. Não deixarei mais que as manchetes dos jornais dirijam os meus pensamentos e tampouco darei atenção a fofocas e pensamentos negativos a respeito de privações, limitações, doenças, guerras e crimes. Sei que tudo o que faço e vivencio na vida se deve ao meu modo de pensar, consciente ou inconsciente. Compreendo que, se eu não pensar por mim mesma, serei invadida pela mentalidade da maioria, que é predominantemente negativa e destrutiva e pensará por mim.

Uma revolução está tendo lugar na minha mente e renovando-a, fazendo com que ela se transforme. Paro imediatamente de criticar e combater mentalmente as condições, pois sei que essa atitude na verdade aumenta os meus problemas. Afirmo e me alegro por ser uma expressão de Deus e pelo fato de Ele precisar de mim onde estou, caso contrário eu não estaria aqui. Deus está em ação na minha vida, o que significa harmonia e serenidade abrangentes.

Esse processo de afirmação repetitivo funcionou às mil maravilhas na vida da professora universitária. Quando ela acionou o sinal verde do pensamento construtivo e confiante, e se sentiu segura do conhecimento de que todas as sementes mentais depositadas no subconsciente germinariam de acordo com a sua espécie, o amor entrou na sua vida; ela se casou com o presidente da faculdade! Recebeu ainda uma promoção e tem tido experiências espirituais interiores, descobrindo que tinha um grande talento para a pintura, o que lhe proporcionou uma enorme alegria. Ela está agora liberando a luminosidade interior. A afirmação modifica verdadeiramente a sua vida!

COMO UM HOMEM DE NEGÓCIOS RECONSTRUIU COM SUCESSO A SUA EMPRESA

Um farmacêutico me confidenciou o seguinte: "Desci ao fundo do poço! Como posso subir de novo? Ladrões roubaram milhares de dólares em mercadorias e dinheiro da minha loja, e o meu seguro só cobriu parte do prejuízo. Perdi uma pequena fortuna no mercado de ações. Como você espera que eu tenha pensamentos construtivos a respeito de tudo isso?"

"Bem", respondi, "você pode decidir pensar o que quiser a respeito de qualquer coisa. O que você perdeu não tem nada a ver com a maneira como decide pensar a respeito do ocorrido. Não se trata do que a vida faz a você, e sim da maneira como você reage."

Ressaltei para esse farmacêutico que os ladrões e o prejuízo na bolsa de valores não roubaram, nem poderiam roubar, as suas noites e os seus dias, a sua saúde, o sol, a lua ou as estrelas, chamados de sustento da alma.

Também salientei para ele o seguinte: "Você é mental e espiritualmente rico. Tem uma mulher amável, afetuosa e compreensiva e dois filhos maravilhosos que estão na faculdade. Ninguém pode roubar de você o seu conhecimento de ciência farmacêutica, a *materia medica*, a química farmacêutica ou a sua sagacidade e perspicácia nos negócios; todos são riquezas da mente.

"Os ladrões não desfalcaram o seu conhecimento da lei da mente subconsciente e nem o espírito infinito existente dentro de você. É uma atitude tola perder tempo com os aspectos negativos. Louve a beleza do bem! Está na hora de despertar a dádiva de Deus dentro de você e avançar em direção à luz. Associe-se à presença e ao poder universais que lhe restituirão multiplicadas todas as riquezas da vida."

A LEI CÓSMICA DA AÇÃO E REAÇÃO E COMO USÁ-LA

"Agora", eu disse, "você sabe que não pode ganhar ou perder nada a não ser por intermédio da sua mente; consequentemente, você não admitirá o prejuízo, mas se identificará mental e emocionalmente com os 30 mil dólares que perdeu, e o que quer que mentalmente afirme e sinta ser verdade será honrado, confirmado e manifestado para você pelo seu subconsciente. Essa é a lei da ação e reação, que é cósmica e universal."

Depois de ouvir isso, ele fez a seguinte afirmação:

Estou constantemente vigilante contra os pensamentos negativos, e os expulso da minha mente sempre que tentam penetrá-la. Tenho fé na presença e poder infinitos, que sempre funcionam para o bem. Deposito a minha fé na bondade e orientação do Deus infinito. Abro a mente e o coração para o influxo do espírito divino e descubro um sentimento de poder, sabedoria e entendimento que aumenta constantemente.

Estou mental e emocionalmente identificado com os 30 mil dólares e sei que não posso perder nada a não ser que eu aceite a perda, o que eu categórica, decidida e definitivamente me recuso a aceitar. Conheço a maneira como o meu subconsciente funciona. Ele sempre aumenta o que deposito nele; por conseguinte, o dinheiro volta para mim, segundo a Bíblia, compactado, sacudido e transbordante (Lucas 6:38).

Eu sei que não mais vivenciarei altos e baixos e viverei uma vida dinâmica, criativa, equilibrada e dotada de objetivo. Estou ciente de que a afirmação é a contemplação das verdades de Deus a partir do mais elevado ponto de vista. Sei que os pensamentos e ideias que alimento habitualmente passam a controlar a minha mente, dirigindo, governando e controlando as minhas experiências. A ofuscante presença de Deus zela pela minha família, pela minha loja e por todos os meus investimentos, e a completa blindagem de Deus me cerca, circunda e envolve. Tenho muita sorte na vida. Sei que a eterna vigilância é o preço da paz, harmonia, sucesso e prosperidade. Mantenho os olhos fixos em Deus e nenhum mal invade o meu caminho.

O farmacêutico criou o hábito de reiterar e afirmar essas verdades eternas. Passadas algumas semanas, o seu corretor na bolsa lhe telefonou exultante informando que havia revertido todas as suas perdas devido à recuperação do mercado de ações. Além disso, ele recebeu uma oferta maravilhosa por um terreno que comprara dez anos antes, vendendo-o com um lucro de 1.200%.

Ele descobriu o maravilhoso funcionamento da sua mente e compreende agora que não precisa sofrer com os altos e baixos da vida.

A MENTE DA MAIORIA E COMO SUPERAR OS EFEITOS NEGATIVOS DELA EM VOCÊ

Quando falo em *mente da maioria*, quero simplesmente me referir à mente que opera em sete bilhões de pessoas no mundo. Todas estão pensando na mente universal única, e não é preciso expandir muito a imaginação para perceber que tipo de imagens, sentimentos, crenças, superstições e pensamentos negativos desagradáveis são gravados nessa mente universal.

Também é verdade que milhões de pessoas no mundo inteiro estão derramando na mente da maioria — às vezes chamada de consciência universal — pensamentos de amor, fé, confiança, alegria, boa vontade e sucesso, além de sentimentos de triunfo, realização e vitória sobre problemas e irradiação de paz e boa vontade para todos os seres humanos. No entanto, elas ainda representam uma vasta minoria, e a característica dominante da maioria é a negatividade.

A mente da maior parte das pessoas acredita em acidentes, doenças, tragédias, guerras, crimes, desastres e catástrofes de todo os tipos. O medo é abundante na mente da maioria, e os filhos do medo são o ódio, a animosidade, o ressentimento, a hostilidade, a raiva e a doença.

Em consequência, é muito simples para qualquer pessoa que deseje pensar um pouco compreender que estará sujeita a sofrer dificuldades e tribulações de todos os tipos até aprender a fazer afirmações científicas e conservar a sua blindagem de proteção. Todos somos suscetíveis de ser influenciados pela mente da maioria, pelo fascínio da negatividade, pelo poder da propaganda e pela opinião dos outros. Além disso, enquanto nos recusarmos a mudar e não começarmos a "pensar linearmente", vivenciaremos as violentas oscilações da sorte e do azar, da doença e da saúde, da riqueza e da pobreza. Se nos recusarmos a pensar por nós mesmos do ponto de vista dos princípios eternos e das verdades de Deus, seremos apenas um no meio da multidão e vivenciaremos inevitavelmente os extremos da vida.

COMO NEUTRALIZAR AS INFLUÊNCIAS NEGATIVAS DA MENTE DA MAIORIA

Assuma o total controle da sua mente por meio do pensamento e da imaginação, neutralize a sugestão negativa da mente da maioria que está eternamente atacando a todos nós. Você pode se erguer acima da mente deles. A Bíblia diz o seguinte: "E eu, quando for levantado da terra... atrairei todos os homens para mim" (João 12:32); em outras palavras, se você elevar a sua mente, identificando-se com os princípios da harmonia, saúde, alegria, totalidade e perfeição, *e se fizer disso um hábito*, em virtude da lei da atração você atrairá para a sua vida e experiência as qualidades e atributos de Deus.

Veja a seguir uma excelente afirmação que possibilitará que você ascenda acima da mente da maioria e se torne imune às falsas crenças e medos da humanidade:

> Deus e a sua presença circulam através de mim como harmonia, saúde, paz, alegria, totalidade, beleza e perfeição. Deus pensa, fala e age por meu intermédio. Sou divinamente guiado em todos os meus caminhos. A ação correta divina me governa. A lei e a ordem divinas dirigem toda a minha vida. Estou sempre circundado pelo círculo sagrado do amor eterno de Deus, e a luz restauradora Dele me cerca e envolve. Sempre que os meus pensamentos divagam com medo, dúvida ou preocupação, eu sei que é a mente da maioria que está pensando dentro de mim. Afirmo imediatamente, com coragem: "Os meus pensamentos são pensamentos de Deus, e o poder Dele está com os meus pensamentos virtuosos."

Continue a se identificar com essa afirmação, meditando sobre ela, e você ascenderá acima da discórdia, da confusão e dos excessos e tragédias da vida. Você não mais vivenciará altos e baixos, desfrutando uma existência construtiva, vigorosa e ativa, repleta de criatividade e do ritmo da vida.

COMO ENTRAR EM SINTONIA COM O INFINITO

Há alguns meses, uma mulher da Carolina do Norte me escreveu dizendo que o mundo está decaindo, que os nossos costumes estão em decíínio, que a corrupção é excessiva e que a violência adolescente, o crime e os escândalos são notícias cotidianas. Em seguida, ela acrescentou: "Corremos o risco de a qualquer momento ser aniquilados por uma bomba atômica. Como podemos entrar em sintonia com Deus no meio de toda essa degeneração, pornografia e atoleiro de injustiça no qual nos encontramos?"

Respondi a ela nos seguintes moldes, admitindo que o que ela havia mencionado era verdade, mas que a Bíblia diz o seguinte: "Saí do meio deles e separai-vos" (II Coríntios 6:17). Ela precisa ter a habilidade e a capacidade de se colocar acima da negação do mundo e viver uma vida plena e feliz *exatamente* onde ela está. Enfatizei que tudo o que ela tinha a fazer era olhar em volta para encontrar milhares de pessoas felizes, animadas, alegres e livres, vivendo uma vida construtiva e contribuindo de inúmeras maneiras para a humanidade.

Presenciamos os exageros do período vitoriano com todos os seus tabus e restrições sexuais, e essa repressão fez com que as pessoas se deslocassem para o extremo oposto que estamos vivendo hoje, na imoralidade e luxúria predominantes em várias partes do mundo.

A natureza funciona em extremos. A história testemunhou estabelecimentos com péssimas condições de trabalho, onde as pessoas — até mesmo crianças — trabalhavam em condições indescritíveis e eram inadequadamente remuneradas, abrigadas e alimentadas; na realidade, era uma espécie de servidão. Agora, houve uma oscilação para o lado oposto na Inglaterra, nos Estados Unidos e em outros países, onde as exigências de alguns sindicatos se tornaram de tal maneira exageradas que destruíram as próprias empresas que contratam membros dos sindicatos.

A AFIRMAÇÃO QUE MUDOU UMA VIDA — E PODE MUDAR A SUA

A antiga sabedoria hebraica afirma o seguinte: "A eterna mudança está na raiz de todas as coisas." Você precisa encontrar uma âncora dentro de você à qual possa se amarrar e fazer um ajuste divino. Sintonize-se com o poder infinito interior e deixe que essa presença o guie, dirija e governe de todas as maneiras. Você pode exaltar a sabedoria divina na sua mente consciente afirmando que a sabedoria de Deus consagra o seu intelecto, é uma lâmpada nos seus pés e uma luz no seu caminho. Eis a afirmação que prescrevi para a mulher preocupada da Carolina do Norte:

> Compreendo que não posso mudar o mundo, mas sei que posso mudar a mim mesma. O mundo é um agregado de indivíduos, e sei que as pessoas que são regidas pela mente da maioria, pela propaganda e pelas opiniões populares estão sujeitas às tragédias, infortúnios, acidentes, doenças e fracassos da vida enquanto não aprendem a controlar a mente com ideias divinas que curam, abençoam, inspiram, elevam e exaltam a sua alma. Entendo que as massas estão sob o domínio da mente da maioria, que é repleta de erros, falsas crenças e todos os tipos de negação.
>
> A partir deste momento, não mais lutarei contra condições ou situações, e deixarei de me rebelar diante das notícias sobre agitadores, imoralidade e corrupção nas altas esferas. Escrevo cartas construtivas para os deputados, senadores, produtores ci-

nematográficos e jornais, exortando a ação correta, a beleza, a harmonia e a paz para todas as pessoas. Estou em sintonia com o infinito, e a lei e a ordem divinas governam a minha vida. Sou divinamente guiada e inspirada. O amor divino preenche a minha alma, e ondas de luz, amor, verdade e beleza jorram como uma onda poderosa de vibração espiritual que tende a erguer todas as pessoas, porque dizem o seguinte: "E eu, quando for levantado da terra... atrairei todos os homens para mim" (João 12:32).

UMA CONSEQUÊNCIA FELIZ DESSA AFIRMAÇÃO

Esta jovem me telefonou recentemente e disse o seguinte: "A sua carta foi a mais surpreendente que já li. Estou eufórica! Agora sei que não tenho que mudar ninguém, apenas a mim mesma. Por estar em sintonia com o infinito, estou em sintonia com a presença de Deus no coração de todos os homens e mulheres do mundo!"

Eis o que lemos na Bíblia: "De grande paz gozam os que amam a tua lei, e nada os ofenderá" (Salmos 119:165).

4 Libere o poder infinito para favorecer todas as fases da sua vida

Durante as minhas turnês de palestras, dirigi-me certa vez a um grupo de pessoas nas montanhas do estado do Colorado. Mais tarde, no desenrolar de uma conversa durante o almoço, o meu anfitrião declarou que a maioria das pessoas se preocupa demais e acaba se privando de uma vida plena e feliz.

Ele me falou a respeito de um idoso que havia morado em uma das cabanas nas montanhas próximas. Os vizinhos tinham pena dele, porque ele sempre parecia cansado, deprimido, preocupado e solitário. Vestia roupas surradas e era dono de um velho automóvel, fabricado em 1928. Ele parecia não ter nada pelo que viver e, aparentemente não tinha parentes ou amigos. De vez em quando ia à mercearia e, invariavelmente, comprava pão dormido e os alimentos mais baratos, pagando geralmente com algumas humildes moedas.

Finalmente, quando ele sumiu por algumas semanas, os vizinhos foram até a sua cabana e descobriram que ele havia morrido. O xerife fez uma busca na velha cabana à procura do nome de parentes ou de uma pista da verdadeira identidade do idoso. Para espanto de todos, descobriram que o velho tinha mais de 100 mil dólares em maços de 25. Era evidente que ele havia ganhado muito dinheiro quando era mais jovem e nunca o investira ou depositara no banco.

Ele ganhara uma quantia considerável, mas deixara de usá-la para viver uma vida mais abundante ou gastá-la com um propósito altruísta. Além do mais, não investira sabiamente o dinheiro para obter juros e dividendos. O meu anfitrião disse que o velho era dominado pelo medo. Ele se preocupara com a possibilidade de que as pessoas tomassem conhecimento do seu dinheiro e o roubassem. Tinha sido uma pessoa com uma mentalidade muito negativa, mas possuíra uma fortuna interior e exterior que lhe teria permitido viver uma ótima vida. Poderia ter desfrutado de muito prazer e felicidade.

VOCÊ TEM UMA FORTUNA PARA COMPARTILHAR

O tesouro do infinito está dentro de você. Você tem a chave que abre o depósito de todos os tipos de tesouros. A chave é o seu pensamento, o qual lhe trará muito mais riquezas de todos os tipos do que aquele velho solitário e medroso possuía — e o que você mais quiser!

Você tem a chave do poder mais admirável e maravilhoso no mundo — o poder do infinito dentro de você. A Bíblia diz o seguinte: "Eis que o reino de Deus está dentro de vós" (Lucas 17:21). Busque primeiro o conhecimento e a conscientização dessa presença e poder interior, e todas as coisas que você desejar lhe serão acrescentadas.

Lembre-se de que os *seus* poderes são os poderes da divindade, os quais a pessoa típica, devido à ignorância, habitualmente deixa de usar. Você tem uma fortuna para compartilhar ao movimentar a dádiva de Deus dentro de você. Você pode compartilhar as dádivas de amor e boa vontade com outras pessoas; pode compartilhar um sorriso e um cumprimento cordial; pode fazer elogios e demonstrar reconhecimento aos seus colegas de trabalho e funcionários; pode compartilhar ideias criativas e o amor de Deus com todos os que o cercam.

Você pode ver a inteligência e a sabedoria de Deus nos seus filhos e trazê-las à tona intencionalmente e com sentimento, e o que você afirmar e sentir será ressuscitado na vida deles. Pode ter uma ideia nova que valha uma fortuna que você pode compartilhar com o mundo — talvez uma música, uma invenção, uma peça, um livro ou uma ideia criativa e abrangente no seu negócio ou profissão que abençoará você e os outros.

Lembre-se de que a única chance que você tem é aquela que cria para si mesmo. Você tem a chance da sua vida! Comece agora mesmo a aproveitar mentalmente o reservatório infinito que existe dentro de você, e logo se verá avançando para a frente, para cima e na direção de Deus.

COMO ASCENDER ÀS ALTURAS DOS SEUS DESEJOS

Há alguns anos, durante uma palestra, a Sra. Vera Radcliffe, organista da nossa igreja em Los Angeles, narrou o drama emocionante das provações e tribulações de Paderewski antes de ele se tornar mundialmente famoso. Ele fora informado pelos famosos compositores e autoridades em música da sua época que não tinha o menor futuro como pianista e que deveria simplesmente deixar de pensar no assunto! Os professores do Conservatório de Varsóvia, onde estudou, fizeram o possível para desencorajar o seu desejo. Ressaltaram que os seus dedos não eram bem formados e que, em vez de querer ser pianista, ele deveria tentar compor música.

Paderewski rejeitou as declarações negativas e se identificou com os seus poderes interiores; compreendeu subjetivamente que tinha uma fortuna para compartilhar com as pessoas no mundo inteiro, ou seja, a melodia de Deus e a música universal.

Ele praticou árdua e diligentemente, horas a fio, todos os dias. A dor o torturou em milhares dos seus concertos, e, como declarou a Sra. Radcliffe, o sangue ocasionalmente escorria dos ferimentos nas suas mãos. No entanto, ele perseverou, e a sua obstinação valeu a pena. Os poderes interiores responderam ao seu chamado e esforço. *Ele sabia que a chave do seu triunfo era o contato com o poder divino dentro de si.*

À medida que o tempo foi passando, o gênio musical de Ignace Paderewski foi reconhecido no mundo inteiro, e pessoas de todos os estilos de vida prestaram homenagem a esse homem que tocava e sentia a sua unicidade com o Grande Músico interior — o supremo arquiteto do universo.

O SEGREDO DO SUCESSO DE PADEREWSKI

Assim como Paderewski, você tem o poder de rejeitar completamente as insinuações negativas das pessoas com autoridade que lhe dizem que você não pode ser o que deseja ser. Compreenda, como fez Paderewski, que a presença de Deus que lhe concedeu o desejo e o talento é o mesmo poder que abrirá a porta e revelará o plano perfeito para a realização do seu sonho.

Confie no poder divino dentro de você e descobrirá que essa presença e poder interior o levantará, curará, inspirará e conduzirá à estrada real em direção à felicidade, à serenidade e à realização dos seus ideais.

COMO LIDAR COM A APARENTE INJUSTIÇA DO MUNDO

Durante uma visita ao Havaí, um executivo júnior me disse o seguinte: "Não existe justiça no mundo. Tudo é extremamente injusto. As corporações são desalmadas; não têm coração. Trabalho arduamente e costumo permanecer na empresa muitas horas depois do encerramento do expediente, mas homens em cargos inferiores ao meu são promovidos e eu sou preterido. Tudo é muito injusto."

A minha explicação foi a cura para a ira desse homem. Reconheci que existe injustiça no mundo e que, como afirmou Robert Burns, "a desumanidade do homem para com o homem deixa milhares enlutados", mas que a lei da mente subconsciente é impessoal e eminentemente justa em todas as ocasiões.

A mente subconsciente aceita a impressão do seu pensamento e reage de forma correspondente. É a posição das velas, e não o vento, que determina o rumo que você segue. São os pensamentos, sentimentos e imagens interiores — em outras palavras, a sua atitude mental — que operam dentro de você, e não os ventos dos pensamentos negativos e as ondas de medo vindas de fora, que determinam a diferença entre a promoção e o sucesso e entre o fracasso e o prejuízo. A lei é incondicionalmente justa e matematicamente precisa, e as experiências que você tem são a reprodução exata das suas imagens e modo de pensar habitual.

Expliquei sucintamente ao jovem executivo a conhecida história dos trabalhadores da vinha onde todos recebiam um centavo. Até mesmo aqueles que chegaram na décima primeira hora receberam o mesmo salário que aqueles que haviam trabalhado o dia inteiro; os homens que chegaram na terceira, na sexta e na nona hora também receberam a mesma remuneração. Quando viram que os homens que tinham trabalhado apenas uma hora haviam recebido o mesmo pagamento, ficaram invejosos e coléricos, mas obtiveram a seguinte resposta: *Não ajustaste comigo um denário?* (Mateus 20:13)

A lei é claramente formulada em Mateus 18:19: "Se dois de vós concordarem na terra acerca de qualquer coisa que pedirem, isso lhes será feito por meu Pai, que está nos céus." Isso significa que, quando a mente consciente e a mente subconsciente concordam com a promoção, o sucesso, a abundância e a ação correta, a lei da mente subconsciente honrará, executará e tornará realidade a sua experiência.

Acrescentei ainda: "Você está repleto de censuras e críticas, ressentido e zangado com a empresa na qual trabalha. Essas sugestões negativas penetram o seu subconsciente e resultaram na perda da promoção, do progresso financeiro e do prestígio."

UM PROGRAMA E UMA FÓRMULA ESPECÍFICOS PARA SEREM USADOS DIARIAMENTE

Eu lhe disse que praticasse diariamente a seguinte fórmula mental e espiritual:

> Eu sei que as leis da mente são incondicionalmente justas, e que o que quer que eu imprima na minha mente subconsciente é matematicamente reproduzido no meu mundo físico e nas minhas circunstâncias. Sei também que estou usando um princípio mental, e os princípios são completamente impessoais. Sou igual

diante das leis da mente, o que significa que me é feito conforme eu acredito. Sei que justiça quer dizer retidão e imparcialidade, e estou ciente de que o meu subconsciente é incondicionalmente impessoal e imparcial.

Reconheço que tenho estado zangado, ressentido e invejoso, e que também tenho me depreciado, criticado e condenado. Tenho me perseguido, atacado e torturado psiquicamente, e conheço a lei que diz "o que acontece fora reflete o que está dentro"; em consequência, o meu chefe e os meus companheiros confirmam objetivamente o que tenho pensando e sentido subjetivamente.

Aquilo que eu aceitar inteiramente na minha mente obterei na minha experiência, independentemente das condições, circunstâncias ou dos detentores do poder. Desejo sucesso, prosperidade e promoções para todos os meus companheiros, e transmito boa vontade e bênçãos para todas as pessoas. Sou promovido, tenho sucesso, ajo corretamente e sou rico. À medida que afirmo estas verdades, sei que elas são depositadas na minha mente subconsciente — o agente criativo —, e maravilhas estão acontecendo na minha vida.

Todas as noites, antes de dormir, imagino que a minha mulher está me parabenizando pela maravilhosa promoção que recebi. Sinto a realidade desse fato, mental e emocionalmente. Estou de olhos fechados, sonolento e em um estado mental passivo e receptivo, mas consigo ouvir os cumprimentos, sentir o abraço e ver os gestos da minha esposa. O filme mental é nítido e realista, e eu adormeço com essa disposição de ânimo, sabendo que "Deus dá aos seus amados enquanto dormem" (Salmos 127:2).

Esse executivo descobriu que a lei da sua mente estabelece a justiça (em conformidade com os princípios da sua mente). Depois que exaltou os pensamentos, imagens e sentimentos corretos na mente consciente, o seu subconsciente respondeu de forma compatível. Essa é a justiça mental. As leis da mente são as mesmas de ontem, hoje e sempre. Após seguir esse processo de afirmação durante alguns meses, o executivo foi eleito presidente da sua corporação e está prosperando além dos seus sonhos mais ambiciosos.

COMO UMA MULHER REPARTIU A SUA FORTUNA E FICOU MAIS RICA

Há alguns anos, tive várias conversas interessantes com uma canadense. Ela me informou que contempla o dinheiro e a riqueza como o ar que respira. Ela se sentia livre como o vento. Desde a infância, essa mulher afirmava: "Sou rica, sou filha de Deus, Deus me concedeu generosamente todas as coisas para que eu as desfrute." Essa era a sua afirmação diária.

Ela acumulou milhões de dólares e mantinha faculdades e universidades, oferecendo bolsas de estudo para moças e rapazes que demonstravam merecê-las, além de fundar hospitais e centros de treinamento de enfermeiros em partes remotas do mundo. A sua alegria reside em doar sábia, judiciosa e construtivamente, e ela ficou mais rica do que era.

POR QUE OS RICOS FICAM MAIS RICOS E OS POBRES MAIS POBRES

Certo dia, ela me disse o seguinte: "Sabe de uma coisa? O antigo ditado é totalmente verdadeiro: 'Os ricos ficam mais ricos e os pobres, mais pobres.' Pela lei da atração cósmica, a riqueza aflui para aqueles que vivem na consciência da fartura e da abundância. Aqueles que esperam todos os tipos de pobreza, privações e escassez estão vivendo na consciência da pobreza, e pela lei da sua própria mente atraem mais todos os tipos de escassez, aflições e privações."

O que ela afirmou é decididamente verdadeiro. Muitas pessoas que vivem em circunstâncias de pobreza têm inveja e se ressentem da riqueza dos outros; essa atitude mental resulta em mais privações, limitações e pobreza na sua vida. Elas estão, possivelmente de modo involuntário, bloqueando o seu próprio bem. No entanto, teriam uma fortuna para compartilhar se ao menos abrissem a mente para a verdade da existência e compreendessem que também possuem a chave que abre o tesouro da mina de ouro interior.

Todas as pessoas têm uma fortuna para compartilhar, como é revelado no próximo tópico.

A FORTUNA ESTAVA ONDE ELE SE ENCONTRAVA, MAS ELE NÃO CONSEGUIA ENXERGÁ-LA

Certo amigo meu, que morava no norte do Alasca, escreveu-me dizendo que a vida estava insuportável. Ele sentia que tinha cometido um erro trágico ao ir para o Alasca em busca de fortuna, o seu casamento era um completo fracasso, os preços estavam exorbitantes e abusivos, e a desonestidade era desmedida. Ele fora à justiça para dissolver o casamento, mas o juiz era corrupto e o meu amigo teve que fazer um acordo injusto. Ele concluiu afirmando que não há justiça no mundo.

O que ele disse era decididamente verdade. Tudo o que precisamos fazer é ler o jornal em qualquer área metropolitana para encontrarmos notícias sobre assassinatos, crimes, pequenos furtos, assaltos, estupros, transgressões, corrupção e venalidade nas câmaras legislativas — mas precisamos nos lembrar de que tudo isso é fabricação do homem, e que você pode "sair do meio deles e se separar" (II Coríntios 6:17).

Você pode ascender acima da mente da maioria, das crueldades e da ganância da humanidade entrando em sintonia com o princípio da ação correta e da justiça absoluta que existem dentro de você. Deus é justiça e harmonia absolutas, total bem-aventurança, plenitude de felicidade, ordem absoluta, beleza indescritível, sabedoria absoluta e poder supremo. Todos esses são atributos, qualidades e poderes de Deus. Quando se concentra nessas qualidades e contempla as verdades de Deus, você ascende acima da injustiça e das crueldades do mundo e desenvolve uma convicção oposta a todas as falsas crenças e conceitos errôneos nele existentes.

Em outras palavras, você desenvolve uma imunidade divina — uma espécie de anticorpo espiritual — à mente da maioria.

Essa explicação foi um prelúdio à resposta direta que dei ao meu amigo. Eu lhe escrevi sugerindo que permanecesse no Alasca, porque eu estava desconfiado de que ele desejava escapar das suas responsabilidades e estava meramente procurando um meio de fuga. Eu lhe encaminhei a seguinte sucinta afirmação:

> Estou onde Deus está. Deus reside em mim e precisa de mim onde estou. Essa presença divina dentro de mim é expressão da inteligência infinita e onissapiente que me revela o próximo passo, abrindo para mim os tesouros da vida. Agradeço pela resposta, que vem até mim como uma ideia ou sentimento intuitivo que jorra espontaneamente da minha mente.

Ele seguiu o meu conselho e, com o tempo, se reconciliou com a mulher. Comprou uma câmera e tirou fotos do norte do Canadá e do Alasca, escreveu contos e artigos e acumulou o que considerou uma pequena fortuna. Um ano se passou e, no Natal, ele me enviou uma quantia considerável, sugerindo que eu a usasse em uma viagem à Europa, e foi precisamente o que fiz.

Esse homem encontrou a felicidade recorrendo ao tesouro existente dentro de si, e descobriu que a sua fortuna se encontrava exatamente onde ele estava.

COMO UM PROFESSOR DESCOBRIU UMA FORTUNA

Conversei recentemente com um professor universitário que estava muito zangado, pois seu irmão, motorista de caminhão, ganhava praticamente o dobro do que ele recebia por ano. Ele declarou: "Tudo é muito injusto. Precisamos mudar o sistema. Trabalhei arduamente e dei duro durante seis anos para obter meu diploma de doutorado, e o meu irmão nem mesmo frequentou o ensino médio!"

Esse professor era brilhante na sua área do conhecimento, mas desconhecia as leis da mente. Eu lhe disse que uma garçonete que trabalhava no meu restaurante predileto ganhava um salário semanal considerável por causa das gorjetas que recebia, o que indicava que as disparidades que ele havia mencionado estão em toda parte.

Expliquei ao professor que ele poderia ascender acima da mente da maioria, às vezes chamada de consciência universal ou lei das médias — a mente dos cinco sentidos, a mente que pensa do ponto de vista das circunstâncias, condições e tradições.

Seguindo a minha sugestão, ele começou a praticar todas as manhãs o "tratamento do espelho", que consistia em ficar em pé diante do espelho e afirmar: "Sou rico, bem-sucedido e fui promovido." Ele continuou a repetir essas declarações todas as manhãs durante cinco minutos, seguro de que essas ideias impregnariam a sua mente subconsciente.

Pouco a pouco, o professor começou a se sentir como se sentiria se todas essas condições fossem verdadeiras e, passado um mês, recebeu uma oferta de outra universidade que lhe ofereceu um salário sessenta por cento maior. Ele descobriu, de repente, que tinha talento para escrever, e o seu manuscrito foi aceito por uma grande editora, o que lhe proporcionou uma renda considerável.

O professor descobriu que não era vítima do "sistema" ou da escala de salários definida pela universidade. A sua fortuna estava na descoberta do poder oculto dentro de si.

COMO A FÉ DE UMA ASSESSORA FUNCIONOU ÀS MIL MARAVILHAS

Certa assessora jurídica se queixou para mim da seguinte maneira: "Nunca tenho acesso às oportunidades. O chefe e as outras moças do escritório são desagradáveis e cruéis comigo. Fui maltratada em casa e pelos meus parentes a vida inteira. Acho que alguém botou mau-olhado em mim. Não sirvo para nada. Eu deveria simplesmente desaparecer!"

Eu lhe expliquei que ela estava sendo mentalmente cruel consigo mesma, e que a sua autoflagelação e autocomiseração se manifestavam e se verificavam no plano externo da vida. Em outras palavras, as atitudes e ações daqueles que a cercavam confirmavam e correspondiam ao seu estado mental interior.

Ela parou então imediatamente de se punir e aprendeu que "a fé, se não tiver obras, está morta" (Tiago 2:17). O que é a fé? "A fé é a substância... das coisas não vistas" (Hebreus 11:1). A fé é a imagem mental que, com o tempo, se reveste de um corpo de manifestação. Toda imagem mental sustentada tende fortemente a se manifestar.

Essa assessora, seguindo as minhas instruções, se imaginou sendo parabenizada pelo seu empregador pelo eficiente trabalho que executava, e imaginou que ele estava anunciando um aumento de salário para ela. Ela propagou constantemente amor e boa vontade para o empregador e todos os seus colegas.

Depois de sustentar religiosamente essa imagem mental muitas vezes por dia durante várias semanas, ela ficou simplesmente atônita quando o seu empregador não apenas a parabenizou pelo trabalho como também a pediu em casamento! Daqui a algumas horas, enquanto concluo este capítulo, terei o prazer de ser o sacerdote que irá celebrar o seu casamento.

Essa jovem encontrou a chave que abria o tesouro. "A sua fé se revelou a substância das coisas esperadas e a prova das coisas não vistas" (Hebreus 11:1).

5 Anteveja o futuro e reconheça a voz da intuição

Uma das faculdades mais desconcertantes da mente humana é a da previsão ou capacidade de prever um evento futuro antes que ele aconteça no plano objetivo ou material da vida. Ocasionalmente, já tive vislumbres de eventos que vieram a ocorrer dias, semanas e às vezes meses depois.

Em 1967, por exemplo, um pastor amigo meu me visitou e propôs que eu organizasse uma turnê de palestras com ele na Terra Santa no mês de maio. Eu lhe disse que iria pensar a respeito e lhe daria a resposta.

Dirigi-me à minha mente subconsciente naquela noite antes de dormir e fiz a seguinte afirmação: "A inteligência infinita que existe dentro da minha mente subconsciente é onisciente e me revela a decisão correta com relação à viagem a Israel, à Jordânia etc."

Naquela noite, tive um sonho nítido no qual vi manchetes de guerra tanto no *Los Angeles Times* quanto no *Citizen-News*. No estado de sonho, também presenciei uma violenta batalha aérea e de tanques entre árabes e israelenses. Testemunhei a nítida consumação de coisas que iriam acontecer aparentemente cinco meses depois. Ao acordar do estado de sonho, telefonei para o meu amigo e lhe narrei o conteúdo do meu sonho. Por mais estranho que pareça, ele tinha tido um sonho semelhante! Ele também pedira a orientação divina.

Por causa disso, ambos descartamos a ideia de realizar a turnê de palestras na Terra Santa. Acontecimentos subsequentes — a tragédia da guerra entre árabes e israelenses — demonstraram a verdade da nossa visão interior.

A Bíblia diz o seguinte: "Confia no Senhor (na Lei da mente subconsciente) e faze o bem; assim viverás na terra e certamente serás alimentado" (Salmos 37:3).

O SEU FUTURO ESTÁ NA SUA MENTE AGORA

A nossa mente está repleta de pensamentos, crenças, opiniões, convicções, impressões e vários conceitos — tanto bons quanto maus. A lei cósmica da mente diz que, seja o que for que mentalmente aceitemos e acreditemos, aquilo se manifestará e se concretizará na nossa vida.

Se houvesse uma maneira de fotografar o conteúdo da mente subconsciente dos seus amigos, você poderia prever com precisão o futuro deles e determinar os eventos que irão ocorrer na vida de cada um. O Dr. Rhine, da Duke University, forneceu amplas provas da percepção extrassensorial, como a clarividência, a precognição, a clariaudiência, a retrocognição e a telecinesia em um sem-número de experiências, todas elas documentadas.

Uma pessoa altamente intuitiva, um bom adivinho ou um clarividente mediúnico poderiam perceber o conteúdo do seu subconsciente e enxergar claramente (clarividência) as experiências e eventos, bons e maus, que você está prestes a encontrar na tela do espaço. A razão disso é que os seus pensamentos, crenças, planos e propósitos, bem como a manifestação deles, estão concluídos na mente, assim como a ideia de um novo prédio na mente do arquiteto, e podem ser vistos com perfeição por um bom clarividente.

Introduzindo um pouco mais de complexidade, desejo afirmar que é possível para uma pessoa intuitiva, em estado mental perceptivo, passivo e subjetivo, explorar o conteúdo da mente subconsciente de outra e revelá-lo à mente consciente ou ao eu desperto desta última. Em outras palavras, em um estado passivo, de semi-transe, a pessoa sensitiva ou altamente psíquica entra em sintonia com as decisões, planos, ideias, medos, fobias, fixações e estados desejáveis, bem como a aceitação subjetiva do casamento, divórcio, empreendimentos comerciais, viagens e várias outras impressões, na outra pessoa.

O adivinho ou médium que estiver sintonizado com os seus sentimentos, crenças e impressões subjetivos os traduz na terminologia dele e prediz de forma correspondente. Não raro o adivinho ou clarividente é extraordinariamente preciso, nem sempre acertando na íntegra, mas às vezes chegando bem perto disso.

Você precisa se lembrar de que o que o médium vê ou sente precisa ser filtrado através do conteúdo da mentalidade dele e impregnado por ele, e por essa razão o resultado é diferente para cada médium ou adivinho. É por esse motivo que às vezes recebemos diferentes leituras ou interpretações de diferentes leitores psíquicos.

COMO A PRECOGNIÇÃO SALVOU UMA FORTUNA E CONSTRUIU OUTRA

Sou amigo de um conhecido profissional do setor imobiliário que me disse que todas as noites, antes de se deitar, ele medita sobre o Salmo 91 e invoca a orientação, proteção e ação divinas em todas as suas atividades. Certa noite, no início de 1966, após um intenso sonho profético no qual viu as manchetes de um jornal local noticiando uma grande queda no mercado, ele teve o impulso esmagador de vender todas as suas ações *blue chips*, nas quais havia investido uma enorme quantia; ele disse que era como se uma voz interior muito persistente lhe estivesse ordenando que fizesse isso.

Ele seguiu esse impulso intuitivo e vendeu tudo no dia seguinte antes do final do pregão. O dia subsequente presenciou uma forte queda, e as suas *blue chips* ainda não retornaram ao valor anterior; algumas caíram entre vinte e trinta pontos. O seu lucro foi considerável. Depois disso, ele já recomprou muitas dessas ações a um preço bem inferior, construindo assim outra pequena fortuna.

Ele comentou o seguinte: "Economizei uma fortuna e fiz uma fortuna." Ele viu o evento antes de acontecer e escutou a voz da intuição, que significa "ensinado de dentro para fora".

COMO A INTUIÇÃO DE UMA MÃE SALVOU A VIDA DO FILHO

Recebi uma mãe tensa, exausta e emocionalmente destruída cujo filho era piloto da Força Aérea no Vietnã. Ela vinha tendo um sonho recorrente que a atormentava. No sonho, ela via o avião do filho em chamas, e ele gritava para ela pedindo ajuda; em seguida, ela via o avião cair no mar. Essa mãe disse que sabia que o seu filho morria afogado.

Esse foi o tormento do qual ela despertou todas as manhãs durante mais de uma semana, e os seus pensamentos quando acordada estavam carregados de medo e maus presságios.

Expliquei a essa mãe, da melhor maneira possível, que sem dúvida ela estava tendo a premonição de um desastre e que ela, por estar subconscientemente em sintonia com o filho, havia captado o medo inconsciente dele do perigo. No entanto, ela poderia prevenir a ocorrência, já que a tragédia, obviamente, ainda não havia acontecido porque ela não recebera nenhum comunicado oficial; além disso, o sonho estava se repetindo noite após noite, pressagiando o que ainda estava para ocorrer. Eu lhe disse o que fazer, que era obter o mais elevado conceito de Deus e do amor Dele.

Ela começou a pensar em Deus como o infinito princípio vital do amor absoluto, sabedoria ilimitada, onipotência, completa bem-aventurança, paz total e harmonia e felicidade absolutas. Por sugestão minha, ela colocou mentalmente o filho sob os cuidados amorosos de Deus, compreendendo que ele estava vivendo no lugar secreto do Altíssimo e residindo à sombra do Todo-Poderoso. Ela também visualizou o filho em casa — alegre, feliz e livre — e sentiu que ele a abraçava.

Essa mãe conduziu e dirigiu os seus pensamentos o dia inteiro, seguindo esse padrão espiritual de afirmação. Ela se concentrou mentalmente na luz, no amor, no poder e na paz de Deus até que eles se tornaram reais para ela, e então colocou o filho nessa atmosfera espiritual.

À medida que ela passou a perseverar nessa linha de pensamento, o pesadelo cessou após a quinta noite. O seu sentimento com relação ao filho mudou do medo para a fé e a certeza de que ele estava saudável, perfeito e era protegido por uma providência benigna.

Algumas semanas depois, quando ela estava preparando o almoço, o seu filho entrou em casa e a abraçou! Ele tinha voltado do Vietnã e quis fazer uma surpresa. Ele disse a ela: "Mãe, não sei como estou vivo! O meu avião caiu depois de ser atingido, mas não pegou fogo. Saí ileso e aconteceu a coisa mais extraordinária: eu sabia que o avião estava caindo, mas não senti medo. Ouvi claramente a sua voz me dizendo: 'Deus está zelando por você', e tive certeza de que estava a salvo."

A Bíblia diz o seguinte: "Ele tornará os anjos responsáveis por ti, para que te guardem em todos os teus caminhos" (Salmos 91:11).

Uma coisa é evidente nessa experiência: a mãe tinha uma *afinidade* telepática com o filho, pois não existe nem tempo nem espaço na mente. Por meio da afirmação, ela purgou a mente do medo, envolvendo o filho com o amor, a luz, a harmonia e a paz de Deus. Isso abriu caminho para a resposta de uma providência norteadora que livrou o seu filho de uma morte que, de outro modo, teria sido inevitável. A sua fé e confiança foram comunicadas ao filho, e este vivenciou a alegria do pedido atendido.

COMO O SONHO DE UM PAI SOBRE A MORTE DO FILHO AJUDOU A EVITAR UMA TRAGÉDIA

Eis o que um correspondente de Nova York relatou em uma carta:

> Prezado Dr. Murphy: é quase impossível dizer o quanto estou agradecido. Fiquei profundamente impressionado ao ler *O poder cósmico da mente*. Aprendi a fazer afirmações de maneira científica ao estudar cada capítulo. Isso se tornou uma revelação para mim!

Um dos meus filhos estava trabalhando no transporte de longa distância entre Nova York e Chicago. Há algumas semanas vi em um sonho o caminhão dele subindo um morro, e ele parecia estar dormindo. Do lado direito havia uma montanha elevada, e do outro um vale profundo. De repente o caminhão bateu no penhasco e tombou para o lado. No meu estado de sonho, eu disse: "Deus zela por ele. Deus o protege e Deus o ama."

Acordei então com todo o meu corpo trêmulo, preocupado com o desastre. Abri a Bíblia e li em voz alta o Salmo 91, o grande Salmo da Proteção, mudando-o para a terceira pessoa, e rezei pelo meu filho durante cerca de meia hora, começando com "Ele habita o lugar secreto... Ele descansa à sombra do Todo-Poderoso..." e assim por diante. Pouco a pouco, fui tomado por uma sensação de paz.

Mais tarde, durante a semana, quando o meu filho voltou para casa, ele me disse que havia pegado no sono enquanto dirigia o caminhão, que este tombara e ele acordara debaixo do veículo entre as rodas, milagrosamente salvo e sem um arranhão. Eu lhe contei então do sonho e da minha prece no sonho, e ele disse: "Pai, a sua prece salvou a minha vida!"

COMO AJUDAR A EVITAR TRAGÉDIAS E REVESES NA SORTE

A afirmação efetivamente modifica as coisas; um sem-número de biografias confirma esse fato. Quando falo em afirmação, estou me referindo à contemplação das verdades de Deus do ponto de vista mais elevado. Ao pensar de maneira construtiva, baseada em princípios universais, você pode modificar todos os padrões negativos da sua mente e, daí em diante, ter uma vida deslumbrante. Em outras palavras, ao preencher a mente com as verdades de Deus, você neutralizaria, destruiria e removeria dela tudo o que fosse diferente de Deus. Você evitaria todas as experiências negativas, como acidentes e todos os tipos de desastre. O fato de você evitar a má sorte coincidiria com a sua capacidade de elevar a sua consciência. "E eu, quando for levantado... atrairei todos os homens (manifestações e experiências) para mim" (João 12:32).

Ao contemplar as eternas verdades e aquilo que é verdadeiro a respeito de Deus, você se separa da mente da maioria, ou da lei das médias, que domina a maior parte da humanidade.

Quando penetra a paz de Deus e deixa que a paz Dele flua através de você como um rio dourado de vida e amor, você toca a realidade, ou Deus, assim como esse pai o fez enquanto rezava pelo filho.

"POR QUE SOMENTE AS PREDIÇÕES NEGATIVAS SE REALIZAM?"

Essa pergunta eu ouvi de um correspondente do Alasca.

Você precisa se lembrar de que a sua mente subconsciente é um depósito de lembranças e que ela aceitou muitas sugestões, meias-verdades e falsas crenças que passaram completamente despercebidas pela mente consciente. Muitas vezes essas coisas acontecem, já que o que quer que se infiltre na mente subconsciente se materializa no seu mundo mais cedo ou mais tarde, *a não ser que seja modificado para melhor por uma afirmação.*

Em outras palavras, qualquer pessoa que receba uma sugestão ou previsão de natureza indesejável relacionada consigo mesma pode evitar que ela aconteça pensando construtivamente sobre as verdades universais de Deus, como harmonia, paz, amor, beleza, ação correta divina e amor divino. Durante a contemplação desses princípios universais, ocorre uma *reorganização dos padrões no seu subconsciente* que corresponde à configuração mental dos seus pensamentos e imagens.

É possível fazer um prognóstico com certo grau de exatidão para uma pessoa, um grupo, um país ou mesmo para o mundo, porque a maioria dos seres humanos não muda muito. Eles vivem com as mesmas antigas crenças, as mesmas velhas tradições e pressupostos e os mesmos ódios, preconceitos e medos. Seguem mais ou menos um padrão definido que pode ser lido com facilidade por aqueles que se sintonizam intuitivamente com as suas vibrações mentais.

COMO A INTUIÇÃO RESOLVEU O PROBLEMA DE UM MÉDICO

Um médico amigo meu estava escrevendo um livro e precisava de informações especiais a respeito da antiga medicina da Babilônia e do Egito. Ele achava que as informações talvez estivessem em um museu de Nova York, mas estava morando em Los Angeles e não podia ir para Nova York naquele momento.

Sugeri que ele silenciasse a mente, imobilizasse a atenção e, quando estivesse quase pegando no sono, falasse assertivamente a seguinte frase para a sua mente: "A inteligência infinita existente dentro de mim sabe a resposta e me fornece as informações de que preciso para o meu livro."

Ele pegou no sono com a palavra "resposta" e, nessa mesma noite, teve um sonho que o instruiu a visitar uma velha livraria no centro da cidade. Ao entrar na loja, o primeiro livro que examinou lhe forneceu as informações necessárias.

Lembre-se de que o subconsciente é um só com a inteligência infinita e ilimitada sabedoria, de modo que ele é onissapiente e sabe qual o tipo de solução que você deseja. A resposta pode vir em um sonho, ou ainda como um palpite ou um sentimento de que você está sendo conduzido ao caminho certo. Você pode ter o impulso repentino de ir a algum lugar, ou outra pessoa pode lhe dar a resposta.

COMO A CLARIAUDIÊNCIA SALVOU UMA VIDA

Discursei recentemente em um banquete, e um jovem oficial que acabara de voltar do Vietnã se sentou do meu lado e narrou uma fascinante experiência a respeito da voz que ele ouviu vinda "do nada".

Ele estava cumprindo ordens, dirigindo um jipe para entregar uma mensagem ao quartel-general local. Um oficial subalterno o acompanhava, e, enquanto seguiam pela estrada em alta velocidade, ele ouviu a voz da sua mãe dizer, clara e distintamente: "Pare! John. Pare! Pare!" Ele parou o jipe de repente, e o seu companheiro perguntou: "Por que você parou? O que houve?" Ele respondeu: "Você não ouviu uma voz dizendo 'Pare! Pare!'?" Mas o outro nada tinha ouvido.

Depois de saltar do jipe e examiná-lo, descobriram que uma das rodas estava frouxa; se tivessem avançado mais alguns metros, o veículo teria caído em um precipício ao lado da estrada e eles teriam sido completamente destroçados.

A mãe do oficial estava em São Francisco, e ele disse que ela rezava regularmente por ele todas as noites, nas manhãs e também durante o dia, sempre afirmando: "O amor de Deus e toda a Sua blindagem envolvem o meu filho em todas as ocasiões."

Esse jovem compreendeu que a voz que escutara fora um aviso da sua mente subconsciente, que procurou protegê-lo e que, sem dúvida, respondera vigorosamente à afirmação da sua mãe.

Você vai descobrir que, nos momentos de uma grande emergência ou perigo, a sua mente subconsciente projetará a voz de uma pessoa a quem você imediatamente obedecerá, porque a ama e confia nela. O subconsciente só falará com você em uma voz que a sua mente *consciente* aceite de imediato como verdadeira. Por conseguinte, não seria jamais a voz de alguém de quem você não gosta ou desconfia.

COMO PROTEGER A SI MESMO E A OUTRAS PESSOAS DE EVENTOS INFELIZES

Você pode ter, eventualmente, um sonho precognitivo acompanhado do um profundo sentimento intuitivo de um perigo iminente para si mesmo ou um ente querido.

Se o sonho pressagiar uma ocorrência infeliz ou trágica relacionada a você ou pessoas próximas, não o ridicularize como sendo um mero produto da sua imaginação ou uma alucinação inofensiva.

UMA AFIRMAÇÃO DE PROTEÇÃO EFICAZ

Medite sobre a afirmação abaixo quando receber um alerta ou pressentimento. Se a afirmação for para outra pessoa, use o nome dela:

Percebo que Deus é a única presença e poder, e sei que a presença de Deus é amor, ordem, beleza, paz, perfeição e harmonia. A paz interior de Deus circula através de mim agora como um rio. Reconheço a ordem e bem-aventurança perfeitas que estão sempre presentes. Estou submerso na mente de Deus, e Deus me vê perfeito, sadio e completo; estou imerso na sagrada onipresença. A presença que é amor, ordem, beleza, paz, perfeição e harmonia me envolve, e embaixo estão os braços perenes.

Afirme as verdades dessa prece e persevere até que a nuvem se dissipe e o fardo seja levantado. Você ficará em paz e tocará a realidade. Você terá conscientemente se unido ao Eu superior, quando então todas as forças divinas se apressarão a zelar pela sua eterna felicidade.

"Por isso, vos digo que tudo quanto em oração pedirdes, crede que o recebestes, e vos será dado" (Marcos 11:24).

6 Encontre respostas nos sonhos e o significado das experiências fora do corpo

A Bíblia diz o seguinte:

> Em sonho, em uma visão da noite, quando cai o sono profundo sobre os homens e eles adormecem na cama, é quando Ele lhes abre os ouvidos e sela a sua instrução (Jó 33:15-16).
>
> E tendo sido prevenidos por Deus em sonho que não deveriam voltar à presença de Herodes, regressaram por outro caminho à sua terra (Mateus 2:12).

A Bíblia está repleta de relatos de sonhos, visões, revelações e advertências que ocorrem durante o sono. Quando você sonha, a mente subconsciente permanece bastante desperta e continuamente ativa, já que ela nunca dorme. Você com certeza se lembra de que José interpretou corretamente os sonhos do Faraó, os quais mais tarde se tornaram realidade. O seu sucesso ao prever o futuro levou o rei a lhe conferir prestígio, honrarias e reconhecimento.

Quando você sonha, a mente consciente é suspensa e adormece. A mente subconsciente geralmente se comunica de forma simbólica, motivo pelo qual, através dos tempos, os homens empregaram explicadores ou intérpretes de sonhos. Sem dúvida, você está familiarizado com o fato de que muitos psicólogos, psiquiatras e psicanalistas freudianos e junguianos, bem como psicoterapeutas ecléticos, estudam seriamente os sonhos e tentam interpretá-los para a mente consciente do paciente. Não raro as explicações dos sonhos conduzem à revelação de conflitos mentais, fobias, fixações e outros complexos mentais.

Todos os seus sonhos são dramatizações do subconsciente que, em muitos casos, o avisam de um perigo iminente. Alguns são decididamente precognitivos e podem examinar com precisão o futuro. Em outros sonhos, você pode obter respostas para as preces. Todos os sonhos de natureza negativa estão sujeitos à mudança, e nenhum é fatalista.

O subconsciente, na sua natureza de sonho, está revelando a natureza das impressões feitas sobre ele e enfatizando para você o rumo que a sua vida está tomando. Análises de pesquisas de sonhos mostram que os símbolos que aparecem no subconsciente individual são pessoais e se aplicam apenas àquela pessoa; além disso, se a mesma situação aparecer em outro sonho, pode ter um significado muito diferente.

Em outras palavras, o seu sonho é pessoal e diz respeito apenas a você, embora possa falar sobre o seu relacionamento com outra pessoa.

A ANÁLISE DE UM SONHO INTERESSANTE

Há alguns meses, uma aluna da universidade local que tinha lido o meu livro, *O poder do subconsciente*, marcou uma consulta comigo.

Durante a conversa, ela declarou: "Sonhei durante três noites consecutivas que estava presente em um banquete para o governador Rockefeller, de Nova York, no qual eu estava sentada ao lado dele e era a convidada de honra. O que isso significa?" Eu lhe expliquei que o sonho era dela e, quando interpretado, deveria ser significativo para ela. Perguntei então o que participar de um banquete com Rockefeller representava para ela, e a jovem respondeu de imediato que simbolizava riqueza, prestígio, distinção e reconhecimento. Acrescentei que era bem possível que o seu subconsciente estivesse prenunciando algum reconhecimento e distinção especial e, talvez, também um afluxo de riqueza. Ela pareceu concordar com essa interpretação, que se mostrou significativa para a sua realidade.

Duas semanas depois, ela recebeu uma bolsa de estudos que lhe possibilitou estudar na França, e a sua avó lhe deu de presente uma grande quantia em dinheiro, destinada à sua educação e uso pessoal. A jovem foi ainda convidada para o banquete inaugural do governador Reagan, ao qual compareceu, vivenciando momentos muito agradáveis.

Você certamente notou que ela não interpretou o sonho literalmente. A faculdade imaginativa disciplinada, chamada de "José" na Bíblia, pode despojar o sonho da forma que o reveste e enxergar a ideia oculta atrás do símbolo.

COMO UM SONHO CONDUZIU UMA MULHER À CASA QUE ELA DESEJAVA

Uma jovem casada que morava em Beverly Hills teve um sonho recorrente durante seis noites consecutivas. No sonho, ela percorria a casa que desejava comprar, interagia com os moradores, afagava o cachorro e conversava em espanhol com a empregada. Explorava também a garagem, o sótão e todos cômodos da casa.

No domingo seguinte, depois da igreja, ela e o marido foram dar uma volta de carro. Ao passarem por Brentwood, a jovem viu a casa do seu sonho com uma tabuleta na frente, com os dizeres: "Vende-se. Tratar com o proprietário. Em exposição." O casal entrou então na casa; o dono, a esposa dele, a empregada e o cachorro demonstraram estar singularmente surpresos e assustados. O cachorro começou a rosnar e a ficar com o pelo eriçado.

Passados alguns minutos, o proprietário se desculpou e disse: "Vimos uma mulher como você subir e descer as escadas várias vezes à noite e bem cedo hoje de manhã. A nossa empregada ficou assustada e o cachorro rosnou e latiu sem parar, como se tivesse visto algo muito estranho."

A explicação desse sonho é simples

Essa jovem explicou aos proprietários que vinha rezando para encontrar a casa certa e que, todas as noites, pedia à inteligência infinita da sua mente subconsciente que a conduzisse à casa ideal, que seria espaçosa, encantadora, bem localizada e ideal sob todos os aspectos.

Sem sombra de dúvida, quando foi dormir tendo na mente a ideia predominante de uma casa, ela encarregou a mente subconsciente de uma missão que ela *precisava* cumprir. De repente, enquanto sonhava, ela se viu fora do corpo físico, mas com uma sensação do seu ser rarefeita e atenuada, o que possibilitou que se deslocasse através de portas fechadas e "entrasse em colapso" com o tempo e o espaço. A jovem acabou visitando a casa e se familiarizou com todas as partes dela e seus ocupantes. Ela contou a eles que também ficara alarmada quando os conhecera, já que os tinha visto várias vezes antes no estado de sonho.

A sua viagem extrassensorial "real"

Essa mulher projetou o corpo astral e foi percebida como uma aparição pelas pessoas na casa que visitou. A percepção foi tanto visual quanto auditiva, já que elas ouviram os seus passos e a viram com clareza. Ela percebeu o seu corpo físico na cama na sua própria casa e soube que estava viajando e funcionando no corpo quadridimensional. Esse corpo projetado pode ser percebido como um fantasma ou aparição por pessoas muito sensíveis e que estão psiquicamente sintonizadas com vibrações mais elevadas ou uma manifestação psíquica.

Essa jovem e o marido compraram a casa, e a atmosfera durante todo o procedimento da transferência do direito de propriedade foi muito harmoniosa.

COMO O SONHO DO AUTOR SE TORNOU UMA EXPERIÊNCIA VIVA

Certa vez fui a Rishikesh, na Índia, ao norte de Nova Deli, para dar palestras na Yoga Forest University. Várias noites antes de embarcar, tive sonhos nítidos sobre o lugar e encontrei todos os professores e alunos nos meus sonhos.

Quando cheguei à cidade, descobri que o conhecia muito bem. Todas as casas, auditórios, professores e alunos me eram extremamente familiares. Apontei para um dos assistentes que me havia sido designado e descrevi a sua aparência interior, bem como o tipo de comida que ele iria me servir. Até mesmo lhe disse o que ele iria falar em seguida, já que tinha ouvido a sua voz antes. Surpreso, ele declarou: "Você deve ser clarividente e clariaudiente."

Eu lhe expliquei a experiência da seguinte maneira: por saber que eu iria dar palestras na Yoga Forest University, o meu corpo sutil, às vezes chamado de corpo astral (que tem exatamente a mesma forma que o corpo físico, porém oscila e vibra em uma frequência muito mais elevada, e mesmo assim é um "corpo") viajou para lá enquanto eu dormia profundamente, tornando o meu sonho nítido uma experiência consciente subsequente.

Em outras palavras, fui até lá no corpo astral, conversei mentalmente, porém de maneira natural, com muitas pessoas, e ouvi a resposta e a voz delas. Além disso, nessa viagem astral, tive a oportunidade de contemplar todas as belezas do Rio Ganges, das Montanhas do Himalaia e dos encantos da zona rural.

"Vi você antes em um sonho"

Quando me apresentei ao iogue Sivenanda, que dirigia o Ashram, ele exclamou: "Já o vi antes várias vezes nos meus sonhos e também ouvi a sua voz!" Expliquei a ele que a experiência era recíproca; que eu estivera visualizando uma maravilhosa viagem, que havia causado uma impressão marcante na minha mente subconsciente, e tinha ido dormir com a viagem na cabeça. Expliquei ainda que eu também o encontrara subjetivamente em um estado de sonho que se concretizara, porque, enquanto o meu corpo estava adormecido em Beverly Hills, na Califórnia, eu me vira em um novo corpo visitando os mais diferentes lugares no Ashram e ouvindo a voz das pessoas. Agora, quando chegara objetivamente, estava vivenciando de maneira concreta todos os estados que sentira subjetivamente durante a viagem extrassensorial. Em outras palavras, eu tinha visto e ouvido antes, subjetivamente, o que estava vendo e ouvindo objetivamente.

Nos seus sonhos, o iogue Sivenanda me viu clarividentemente; por ser clariaudiente, ele ouviu a minha voz, já que podemos pensar, falar, agir, viajar e até mesmo mover todos os tipos de objeto fora do corpo. Também podemos ver e ser vistos, entender e ser compreendidos, além de poder transmitir mensagens e relatar tudo o que vemos. Todas as nossas faculdades, como a visão, a audição, o paladar, o olfato e o tato, podem ser reproduzidas apenas na mente sem depender dos cincos sentidos. Isso demonstra de maneira convincente que você pode viver fora do seu corpo atual e que a inteligência criativa existente dentro de você deseja que você use essas faculdades, transcendendo o corpo tridimensional do seu ambiente.

COMO O SONHO DE UM HOMEM TENTOU PROTEGER A SUA SAÚDE

Certo homem, aparentemente em perfeita saúde, sonhou em várias ocasiões que estava sendo operado devido a um distúrbio na próstata. Ele me perguntou se eu achava que ele deveria procurar um médico para fazer um check-up, mas me informou que não sentia dor e nem tinha qualquer sintoma. Ele tinha me procurado devido a um problema conjugal de natureza emocional. Esclareci até certo ponto o funcionamento da sua mente subconsciente, ou seja, que ela buscava protegê-lo a todo custo e que, sem dúvida, *o estava avisando da iminência de alguma lesão ou problema orgânico*. O subconsciente raciocina dedutivamente a partir de uma base de realidade, e, desse modo, revelou-a para ele na forma de um sonho. Ele compreendeu que o seu sonho era pessoal e que qualquer explicação ou interpretação precisaria estar de acordo com a sua percepção intuitiva.

Sugeri que ele procurasse imediatamente um urologista para fazer um check-up completo. No entanto, ele demorou a procurar o médico. Alguns dias depois, ele desenvolveu uma constrição e bloqueio urinário e começou a sentir uma dor torturante. O seu médico o levou para o hospital e tomou providências para que ele fosse operado imediatamente por um urologista especializado. Eu o visitei no hospital pouco tempo depois e ele fez o seguinte comentário: "Eu deveria ter prestado mais atenção ao meu sonho e agido logo." No entanto, fico feliz por dizer que ele teve uma maravilhosa recuperação, ao mesmo tempo que continuou a inspirar a mente subconsciente com pensamentos de totalidade, harmonia, vitalidade e saúde perfeita.

Você deve ter percebido que a mente subconsciente dele estava efetivamente o advertindo de que ele deveria fazer alguma coisa, já que ela estava ciente da infecção e do aumento da próstata. A ideia profetizada, o pressentimento de que ele iria ser submetido a uma cirurgia, foi provavelmente causada pelo distúrbio já existente. O seu erro foi protelar o exame médico.

As palavras do antigo provérbio são verdadeiras: "A noite (o sono) dá bons conselhos." A chave para a aplicação prática dele pode ser desenvolvida por intermédio da sua percepção psíquica.

OS DIFERENTES TIPOS DE SONHOS

Existem vários tipos de sonhos, muitos dos quais causados por distúrbios estomacais, problemas mentais e emocionais, indisposição física, impulsos sexuais reprimidos ou anormais e vários tipos de medos e superstições.

Há também os sonhos nos quais você vê um evento futuro antes de ele acontecer, sonhos que dão uma resposta clara e distinta para a sua prece. Não raro, você recebe no estado de sonho instruções para agir de determinada maneira.

COMO UM SONHO PREVENIU UMA NOIVA SOBRE O RISCO QUE ELA CORRIA

Certa jovem me descreveu uma extraordinária resposta que recebeu em um sonho. À noite, quando foi dormir, ela fez a seguinte afirmação: "A Inteligência Infinita na minha mente subconsciente me revela a resposta sobre a proposta de casamento de _____." Nessa noite, ela teve um sonho bastante estranho no qual viu um homem com uniforme de presidiário atrás das grades e um guarda do lado de fora da cela com uma arma. Uma pessoa apareceu no sonho e perguntou: "Você não reconhece este homem?"

A jovem acordou de repente bastante perturbada. Intuitivamente, por intermédio do sonho, ela percebeu que o homem com o qual sonhara era o seu noivo. Ela telefonou para o irmão, que era detetive na força policial da cidade, e ele investigou o noivo. Descobriu que o rapaz era casado em Nova York, tinha abandonado a mulher e, além disso, passara cinco anos na prisão, fatos que ocultara da noiva. Esta rompeu o compromisso de imediato e ficou profundamente grata ao guia interior, que sempre busca nos proteger. Tudo o que temos a fazer é prestar atenção.

"Eu, o Senhor, me farei conhecer a ele em uma visão, e falarei com ele em sonhos" (Números 12:6).

COMO PREPARAR A MENTE ANTES DE DORMIR

Quando você entra em estado letárgico e sonolento, ocorre o afloramento da sua mente subconsciente e você fica em uma condição mental altamente sensível. Os pensamentos e sentimentos que você tem antes de dormir são imediatamente transmitidos à mente subconsciente, a qual começa então a agir sobre o seu pedido ou desejo de orientação. O poder criativo da mente subconsciente está esperando para responder e agir sobre quaisquer desejos, ideias e instruções que você conscientemente ative no seu estado mental "desperto".

Lembre-se de que a mente subconsciente é impessoal e não seletiva — ela aceitará tanto os pensamentos negativos, de ressentimento ou de ódio, como os bons pensamentos, e agirá de forma correspondente. O subconsciente amplia e multiplica qualquer coisa que você deposite nele, seja ela *positiva ou negativa*; consequentemente, é muito importante que você purifique a mente de todos os tipos de pensamentos perturbadores e desagradáveis, criando assim um canal desimpedido para que as energias Divinas possam fluir construtivamente através de você.

UMA TÉCNICA EFICAZ PARA PRATICAR TODAS AS NOITES

Examine os acontecimentos do dia e, caso tenha ocorrido qualquer conflito, controvérsia ou irritação, afirme tranquilamente para si mesmo:

> Eu me perdoo completa e irrestritamente por ter alimentado esses pensamentos negativos e pela maneira negativa como lidei e

reagi a este ou aquele problema. Estou decidido a enfrentar esses obstáculos da maneira certa da próxima vez. Irradio amor, paz, alegria e boa vontade para aqueles que me cercam e para todas as pessoas em geral. O amor de Deus invade a minha alma, e eu me alegro com o sucesso e a felicidade dos meus companheiros e de todos os homens e mulheres em toda parte. Estou em paz. Durmo tranquilo esta noite, acordo alegre e vivo em Deus. Agradeço pela alegria da prece atendida.

COMO O SONHO DE UMA MÃE PROTEGEU A SUA FILHA

Recebi recentemente a carta de uma mulher que dizia que estivera usando as afirmações sugeridas em um dos meus livros, *O milagre da dinâmica da mente*, para si mesma e a filha. Certa noite, ela teve um sonho angustiante no qual viu a jovem, que cursava o ensino médio, sendo estuprada e estrangulada por um rapaz. A cena do sonho acontecia dentro de um carro em uma estrada rural. Foi um pesadelo assustador, e a mulher acordou gritando.

Ela decidiu agir movida pela advertência, *ciente de que não havia algo como um destino inexorável e que a tragédia poderia ser evitada* se ela entrasse em sintonia com Deus. Então, fez a seguinte afirmação:

> A minha menina é filha de Deus. Deus está onde ela está. Deus é completa harmonia, paz, beleza, amor, alegria e poder. A minha filha está imersa na sagrada presença de Deus, e toda a blindagem Dele a envolve. Ela é zelada por Deus, o seu Pai Amoroso. Ela habita o lugar secreto do Altíssimo e reside à sombra do Todo-Poderoso.

Após meditar durante cerca de dez minutos, a mãe foi tomada por uma sensação de paz e tranquilidade e voltou a dormir.

Pela manhã, fez uma ligação interurbana para a filha, mas não conseguiu falar com ela na escola porque era feriado no estado onde ela estudava. Durante o dia, continuou a rezar pela filha. À noite, a jovem lhe telefonou e disse: "Mãe, você apareceu ontem para mim em sonho e implorou que eu não fosse passear de carro com um dos rapazes da escola porque ele era muito agressivo e eu certamente iria me arrepender. Fiquei muito angustiada. Hoje de manhã, ele me ligou convidando para ir passear com ele no campo, mas eu recusei, alegando estar doente.

Uma colega minha foi ao passeio, apesar da minha insistência para que ela não fosse, porque eu havia lhe contado o meu sonho. Ele a estuprou e quase a estrangulou. Ela está no hospital e a polícia está procurando o rapaz, que desapareceu."

Existe uma constante comunicação telepática entre membros da mesma família e entes queridos ou amigos íntimos. A afirmação da mãe para a filha foi recebida subjetivamente por esta última, o que evitou um possível desastre na sua vida.

A Bíblia diz o seguinte: "Porque Ele tornará os anjos responsáveis por ti, para que te guardem em todos os teus caminhos. Eles te sustentarão nas suas mãos, para que não tropeces em alguma pedra" (Salmos 91:11-12).

7 Resolva problemas e salve vidas por meio do mistério das impressões dos sonhos

No decorrer da minha experiência de aconselhamento, descobri que pessoas com todos os estilos de vida são fascinadas pelos sonhos. Hoje em dia, nos laboratórios de pesquisas de saúde, equipes de médicos e psicólogos estão conduzindo experiências sobre sonhos de homens e mulheres, e chegaram à conclusão de que todas as pessoas sonham; além disso, em testes extensivos, esses cientistas descobriram que, quando os voluntários são periodicamente acordados enquanto estão sonhando, a privação da vida de sonho pode acarretar distúrbios mentais, emocionais e até mesmo físicos.

Muitos de nós estamos familiarizados com os nomes de Freud, Jung e Adler, que ficaram famosos por investigar a vida de sonho dos seus pacientes. Esse estudo os levou a desenvolver diferentes escolas de psicologia: a Psicanálise (Freud), a Psicologia Analítica (Jung) e a Psicologia Individual (Adler). Os três escreveram muita coisa nessa área, e as suas interpretações e conclusões variam consideravelmente. As diferenças são tão conflitantes e discrepantes que nem vou começar a discuti-las aqui.

O propósito não apenas deste capítulo, mas deste livro, é mostrar que a chave para a resolução dos nossos problemas surge frequentemente nos sonhos como uma resposta clara e definida.

COMO BILLY RESOLVEU O SEU PROBLEMA POR INTERMÉDIO DE UM SONHO

Billy tem doze anos. Ele ouve minhas palestras de vez em quando, e sugiro aos pais que permitam o mesmo a todos os meninos e meninas a partir dessa idade, quando eles já são capazes de compreender esse ensinamento.

Billy me contou que a sua mãe lhe deu um livro, *A ilha do tesouro*, ambientado no Havaí. Ele o leu avidamente, e, por saber em certa medida como funciona a mente subconsciente, todas as noites antes de dormir falava da seguinte maneira com a sua própria mente subconsciente (que ele chama de "Subby"): "Subby, vou para o Havaí nas férias. Vou de avião, vou nadar no mar, andar de bicicleta em uma das ilhas e morar em uma cobertura. Me dê uma resposta clara, por favor."

Ele não conversou sobre o assunto com o irmão, o pai ou a mãe. Depois de fazer algumas vezes essas sugestões à sua mente subconsciente, Billy teve um sonho no qual viu claramente uma cobertura, o nome de um hotel — Maui Hilton — e a Ilha de Maui, na cadeia de ilhas havaianas. No dia seguinte, ele disse à sua mãe: "Mãe, nós vamos para o Havaí nas férias", informando a ela todos os detalhes.

Ela riu e exclamou: "Bem, isso é novidade para mim! De onde você tirou essa ideia?"

Billy respondeu: "Tudo o que eu sei é que nós vamos e vamos ficar na cobertura de um hotel." A mãe descartou o sonho como uma excentricidade da mente do filho.

Duas semanas depois, por causa das excelentes notas de Billy na escola, o pai do menino (que nada sabia sobre o sonho) sugeriu que a esposa passasse as férias com os dois filhos no Havaí, lugar que ele aprendera a amar durante a sua permanência lá como oficial da marinha. O pai explicou que pagaria todas as despesas envolvidas.

Billy gritou: "Eu não disse, mamãe? Nós vamos para o Havaí!" Todos os detalhes do sonho desse menino se realizaram, inclusive a cobertura do hotel, exatamente como ele a tinha visto.

Como você pode reparar, o sonho foi vivenciado com clareza pelo menino. A mente subconsciente é receptiva à sugestão. Billy também disse: "Me dê uma resposta clara"; a sua mente subconsciente respondeu de forma correspondente.

A IMPORTÂNCIA DE SONHAR LITERALMENTE

Há vários anos, antes de dormir, venho fazendo a seguinte sugestão ao meu subconsciente: "Eu sonho literalmente e com clareza, e me lembro do meu sonho." E parece que, ao longo de um período, consegui convencer a minha mente subconsciente, pois cerca de noventa por cento dos meus sonhos são literais, como se eu estivesse lendo o jornal matutino. Recebo nos sonhos muitas respostas para as minhas afirmações.

A mente consciente pode dirigir, e efetivamente dirige, as atividades da sua mente quando você dorme. Você pode suspender a recorrência dos "sonhos ruins", pesadelos ou sonhos que receia. A mente consciente controla o subconsciente, e você pode alterar a natureza dos seus sonhos usando a capacidade de escolher e rejeitar pensamentos e ideias que você usa ao disciplinar as suas reflexões e fantasias durante o dia. Com essa prática, o hábito do controle dos sonhos gradualmente ficará sob sua influência.

COMO O MEU SONHO SALVOU UMA VIDA

Certa mulher, membro da minha congregação, me telefonou para pedir que eu lhe concedesse uma bênção para a viagem que faria em breve à Europa. Fiz o que ela me pediu por meio de uma afirmação semelhante a esta:

> A harmonia e o amor divinos seguem na sua frente, tornando o seu caminho alegre, feliz e glorioso. Os mensageiros de vida, amor, verdade e beleza de Deus zelam por você em todos os momentos, e qualquer meio de transporte que você use representa a ideia Dele deslocando-se livremente de ponto a ponto com liberdade, alegria e amor. Você está sempre protegida no nicho secreto do Altíssimo e é zelada pela presença ofuscante.

Naquela noite, tive um sonho no qual enxerguei claramente essa mulher na Inglaterra comprando uma passagem para a França, e vi o avião no qual ela estaria voando caindo em chamas. Telefonei para ela na manhã seguinte e lhe disse que geralmente sonho de maneira literal, devido a sugestões que faço à minha mente subconsciente. Perguntei à mulher, então, se ela planejava ir à França quando estivesse na Europa, e ela respondeu que era exatamente o que pretendia fazer. Eu lhe relatei o que tinha visto no meu sonho e a aconselhei a não pegar o avião para a França.

A mulher me disse o seguinte: "Estou muito grata por você ter ligado! O meu irmão, que está na outra dimensão, apareceu para mim em sonho e declarou enfaticamente: 'Quando estiver na Inglaterra, nem pense em embarcar naquele avião que vai para Perpignan, na França!', e em seguida desapareceu. Já cancelei a viagem, pois estou com um sentimento opressivo de que ela seria desastrosa."

Dias depois, as manchetes dos jornais noticiaram o acidente, no qual 88 pessoas morreram.

Com base no que falamos até agora, você prontamente perceberá a causa dos sonhos. Quando rezamos juntos no telefone, impregnamos e ativamos a nossa mente subconsciente, que tudo vê e tudo sabe. Ela respondeu simbolicamente no caso da mulher e literalmente no meu.

A autopreservação é a primeira lei da vida, e o nosso subconsciente sempre busca nos proteger e nos preservar de todo e qualquer tipo de dano. Lembre-se também de que a harmonia e a discórdia não vivem juntas; por isso, a mulher não poderia estar em um avião que pegasse fogo, já que havia afirmado que a harmonia e o amor divinos seguiam na sua frente, tornando o seu caminho alegre e desimpedido.

A aparição do irmão foi uma dramatização da mente subconsciente dela, que é onisciente e sabe qual é a voz que ela escutaria. Aquela mulher foi criada pelo irmão, pois o pai deles morreu quando ela era muito pequena. Ele desempenhou o papel de pai para a irmã, enviando-a para a faculdade e pagando todas as despesas dela. O irmão tinha passado para a outra dimensão alguns meses antes do sonho que ela teve.

COMO UM MENINO CONTROLOU O SEU SUBCONSCIENTE EM UM SONHO

Uma mãe trouxe ao meu consultório o filho pequeno, que estivera lendo e ouvindo histórias de fantasmas. Noite após noite, um homem com a aparência de um fantasma, coberto com um lençol branco e com uma expressão assustadora, disse para o menino: "Vou levar você embora. Você é um menino mau." Esse sonho era devastador para a criança, já que acordava gritando e chorando todas as noites.

Sugeri para o menino que ele parasse de ler histórias de fantasmas, porque a sua mente mais profunda exagerava nos pensamentos e imagens da mente consciente antes de ele dormir. Recomendei também o seguinte: "Quando o fantasma aparecer no seu sonho, seja simpático com ele, pois ele é provavelmente um velho solitário e só quer que você seja amigo dele. Talvez ele tenha perdido um filho e esteja tentando fazer amizade com um menino que o faz lembrar do filho. Hoje, se ele aparecer quando você estiver dormindo, diga: 'Olá; sou seu amigo e gosto de você.' Aperte a mão dele e lhe ofereça alguns dos biscoitos que a sua mãe faz."

Naquela noite, ele levou os biscoitos para a cama e os colocou debaixo do travesseiro. Quando o homem apareceu, a mãe, que estava dormindo na cama ao lado do filho, o ouviu dizer durante o sono: "Olá. Sou seu amigo e gosto de você. Eu trouxe até biscoitos para você. Foi a minha mãe que fez e eles são muito gostosos". O menino então pegou os biscoitos debaixo do travesseiro e os ofereceu à figura fantasmagórica. Depois disso, o medo opressivo diminuiu. O menino ficou relaxado e adormeceu profundamente, de maneira tranquila e natural, libertando-se do horrível pesadelo.

Ele aceitou as sugestões que eu lhe dei e seguiu as orientações, que neutralizaram as terríveis impressões com as quais ele, de forma inconsciente, tinha impregnado a sua mente. O menino fez amizade no sono com o suposto espectro e apaziguou a sua mente perturbada.

COMO MODIDFICAR UM SONHO PERTURBADOR

Muitas pessoas que leem histórias de assassinato e romances policiais ou assistem a dramas violentos na televisão levam essas imagens e pensamentos perturbadores para a mente subconsciente quando vão dormir. A mente mais profunda amplia e dramatiza em excesso tudo o que é gravado nela, e essas pessoas sofrem e têm pesadelos nos quais leões, tigres e outros animais selvagens as atacam. Instruí muitas pessoas transtornadas a fazer a seguinte afirmação antes de dormir: "Eu sei por que estou sonhando desse jeito e sei que se trata de um sonho. Continuo a sonhar, e o pesadelo é interrompido e desaparece. O amor de Deus invade a minha alma, eu sonho em paz a noite inteira e acordo alegre e satisfeito."

Essa técnica geralmente funciona. Qualquer pessoa pode pôr em prática esse método simples para curar pesadelos que acontecem quando leem histórias de fantasma, de assassinato ou quando assistem a filmes de guerra ou programas sobre psicopatas na televisão.

A minha sugestão para todos é que leiam várias vezes antes de dormir um dos belos Salmos, por exemplo, 23, 27, 42, 46, 91 ou 100. Se fizer isso, você neutralizará quaisquer padrões nocivos no seu subconsciente e o impregnará de coisas adoráveis e virtuosas. O que você grava no subconsciente sempre se expressa como forma, função, experiência e evento.

COMO UM JUIZ DE TRIBUNAL OBTEVE UMA RESPOSTA EM SONHO

Um juiz de tribunal da cidade, membro do meu clube, me relatou um sonho extremamente interessante. Ele sonhou durante cinco noites consecutivas que estava olhando para uma placa de rua com os dizeres "Murphy Street" e depois estava com uma multidão de pessoas no Wilshire Ebell Theatre, no Wilshire and Lucerne Boulevards, em Los Angeles, onde costumo dar palestras. O juiz não me viu no sonho, mas ficou perturbado, de modo que conversou com a mulher a respeito do assunto e ela sugeriu que ele viesse conversar comigo.

Eu lhe disse o seguinte: "De modo geral, quando um determinado sonho se repete noite após noite, o subconsciente o está redramatizando por ele ser muito importante para nós, da mesma maneira como, no seu processo judicial, você pode enfatizar um ponto fundamental da legislação que é essencial que o júri conheça." Acrescentei que esse sonho era pessoal e que, para ser válida, a minha explicação teria que coincidir com o seu ponto de vista.

Acrescentei que a minha percepção intuitiva do sonho era a de que, embora não exista nenhuma "Murphy Street" perto do Wilshire Ebell Theatre, a mente subconsciente dele, por razões próprias, queria que ele assimilasse a palestra do domingo seguinte a respeito da "Abordagem espiritual da injustiça"; o significado simbólico de "Murphy Street" sem dúvida estava se referindo ao orador (a minha pessoa).

O juiz refletiu profundamente e, em seguida, declarou: "É isso mesmo. Passei algumas noites sem dormir, pensando sobre uma decisão que preciso tomar, e me perguntei qual seria a abordagem espiritual de todas essas coisas, já que as injustiças abundam no mundo desde que os seres humanos apareceram."

Ele compareceu à palestra naquele domingo e, ao apertar a minha mão quando foi embora, revelou: "Você estava certo e o meu sonho também. Já obtive a resposta e sei agora qual será a minha decisão."

É impossível compreender os métodos do subconsciente. A Bíblia delineia o funcionamento da mente subconsciente da seguinte maneira: "Porque os meus pensamentos não são os vossos pensamentos, nem os vossos caminhos, os meus caminhos, diz o Senhor. Porque, assim como os céus são mais altos do que a Terra, os meus caminhos são mais altos do que os vossos caminhos e os meus pensamentos mais altos do que os vossos pensamentos" (Isaías 55:8-9).

UMA RESPOSTA AO SONHO DE UM ESTUDANTE DA BÍBLIA

Recebi a visita de um estudante universitário que está no quarto ano de estudos de um seminário. Ele relembrou a definição básica de Freud de que o sonho simboliza um desejo realizado, mas explicou que ela certamente não se encaixava no seu sonho específico.

Em nossa conversa, eu lhe disse que a sua mente subconsciente poderia projetar em forma de sonho qualquer coisa que o estivesse seriamente perturbando; que, quando a mente exterior do dia a dia, profundamente preocupada com estudos bíblicos ou religiosos, pensa a respeito de qualquer pessoa, esse pensamento pode perfeitamente encontrar uma expressão simbólica em versos bíblicos ou personalidades na forma de sonho; e que tudo o que ele tinha a fazer era ler a visão de Pedro em Atos 10, começando pelo versículo 9, e entender que o dilema de Pedro foi completamente resolvido em um sonho quando a voz da intuição falou com ele, dizendo: "(...) O que Deus purificou, não consideres comum" (Atos 10:15).

O sonho do estudante da Bíblia

Durante várias noites, enquanto dormia profundamente, esse estudante da Bíblia viu uma espada reluzente e um homem, que parecia ser Jesus, balançando a espada; em seguida, ele entrevia as palavras "Não venho para trazer a paz e sim uma espada."

Ele indagou: "O que isso significa? Perguntei ao meu professor, e ele respondeu: 'Ah, esqueça. É apenas um sonho. Você estava lendo a Bíblia e, na sua imaginação, viu o que estava lendo.'"

O rapaz declarou: "Estou muito perturbado. Estou me consultando com um psiquiatra agregado à nossa instituição religiosa. Ele me receitou tranquilizantes, que me acalmaram. Mas estou seriamente questionando tudo o que leio, ouço e me ensinam. Não consigo interpretar a Bíblia literalmente; acredito que todos os homens são filhos de Deus, que Deus não discrimina pessoas e que nenhum credo ou igreja tem o monopólio da verdade."

A minha interpretação e a reação dele

Os relatos bíblicos da interpretação de sonhos indicam a importância dos sonhos proféticos e divinamente inspirados, extremamente numerosos tanto no Antigo quanto no Novo Testamento. A linguagem da Bíblia é simbólica, figurativa e alegórica, e todas as suas histórias se originaram na mente subconsciente de autores inspirados.

A espada é um antiquíssimo símbolo da verdade, da presença de Deus dentro das pessoas, que as separa da superstição, da ignorância, das falsas crenças e dos mais diferentes tipos de medo. Quando uma pessoa toma conhecimento da verdade do seu ser e do funcionamento das suas mentes consciente e subconsciente, ela descobre que é a dona do seu próprio destino. A verdade instiga a pessoa, cria uma controvérsia na sua mente e desafia todas as suas falsas doutrinações, credos, dogmas e tradições, falando para ela de um Deus de amor.

A espada da verdade separa o joio do trigo, o falso do real. Ela representa o raciocínio divino, pelo qual julgamos a partir do ponto de vista das verdades universais e não da perspectiva da teologia criada pelo homem, da opinião das pessoas, das liturgias e das cerimônias.

Expliquei o seguinte àquele rapaz. "O seu sonho está lhe dizendo para concluir as coisas por si mesmo, não com base nas aparências ou complexidades teológicas, mas no raciocínio baseado nas leis mentais e espirituais, que são tão válidas quanto as leis da química, da física e da matemática.

"A presença de Deus em você está lhe dizendo para se desligar completamente das suas crenças atuais e aceitar a sua divindade interior, que responde a todas as pessoas. Tome uma decisão baseada nas verdades cósmicas e universais de Deus, as mesmas de ontem, hoje e sempre. A verdade divina em você não o deixará descansar enquanto você não acreditar na bondade, no amor e na harmonia de Deus, e na alegria do Senhor, que é a sua força."

Havia um terrível conflito na mente do rapaz: ele alegava acreditar em algo que o seu coração sentia ser falso. Esse conflito quase ocasionou um completo colapso mental nele, resultando na necessidade de atenção psiquiátrica e medicação. Porém, quando os efeitos dos medicamentos desapareciam, a infecção mental, ou trauma, levantava novamente a cabeça e dizia: "Estou aqui! Resolva-me!" E o sonho voltava a se repetir.

A solução

Ele comentou o seguinte: "Cada palavra que você disse soa como verdade no meu coração. Independentemente dos meus pais e do que eles pensam, vou parar de imediato e praticar aquilo que realmente acredito."

Aquele jovem está agora estudando psicologia na universidade, a ciência da mente e *O poder do subconsciente*. Ele se casou com uma moça encantadora e está imensamente feliz na sua nova área de estudos. Decidiu se tornar um pastor sem denominação e apresentar às pessoas a interpretação psicológica e espiritual das Escrituras.

COMO A BÍBLIA RESPONDEU À ORAÇÃO DE UM PADRE

Jantei algum tempo atrás com um parente meu que é padre em uma paróquia muito importante. Ele estava enfrentando dificuldades com alguns membros importantes da sua igreja e com o bispo, e tinha pedido a Deus que o orientasse sobre como resolver esse problema.

"Joe", disse ele, "você ensina o significado interior da Bíblia, com o qual não concordo totalmente, mas aceito parte do seu ensinamento. Como você interpreta este sonho, que tive quatro ou cinco vezes nos últimos meses? Vi as seguintes palavras de Provérbios no meu sonho: "Não te inclines nem para a mão direita nem para a mão esquerda: afasta o teu pé do mal" (Provérbios 4:27).

"Bem, Tom", respondi, "Estou seguro de que você sabe tão bem quanto eu o significado dessas palavras, que certamente é uma resposta para a oração na qual você pediu a orientação divina. Tudo o que o sonho quer dizer é que você não deve fazer nada a respeito da situação, seja objetivamente [mão direita], seja subjetivamente [mão esquerda]; em outras palavras, não há mais nada sobre o que rezar.

"O *pé*, na simbologia bíblica, significa entendimento, e *afastar o teu pé do mal* quer dizer pare de se preocupar e pensar negativamente sobre o assunto, pois o seu *mal* seria entregar poder aos outros ou a condições em vez de entregar todo o poder ao Deus que existe dentro de você."

Ele perguntou: "Você está querendo dizer que eu devo ficar quieto, não dizer nada e não fazer mais nada, e deixar que Deus resolva a situação?"

"Sim", respondi, "é exatamente o que estou querendo dizer. Mas, se a sua opinião é diferente, obviamente a minha interpretação não está correta."

Tom replicou: "Está sim. Eu sei que está!"

Mais ou menos um mês depois, o bispo que o criticava faleceu, e os homens que estavam criando dificuldades e queriam expulsá-lo foram transferidos para outras cidades pelas suas respectivas organizações.

Algumas noites atrás, recebi um telefonema interurbano de Tom, no qual ele disse: "Joe, o sonho estava certo. Por que a resposta veio em sonho?"

Respondi: "A única coisa que eu sei, Tom, é que a Bíblia diz: 'falarei com ele em sonhos' (Números 12:6)."

8 Faça a percepção extrassensorial trabalhar para você

Este livro lida com a chave mental para a solução dos problemas humanos. Descobri que as respostas aos problemas mais desconcertantes que incomodam o homem procedem da esfera da mente subconsciente. Mais ou menos aos nove anos de idade, passei a me interessar profundamente pela função superior da mente e fiquei maravilhado com o que hoje chamamos de poderes intuitivos e psíquicos que resolvem os problemas de agricultores que vivem em regiões distantes.

COMO A PERCEPÇÃO EXTRASSENSORIAL AJUDOU UM HOMEM A ENCONTRAR SEU FILHO PERDIDO

Um agricultor, que vamos chamar de Jerry morava a 400 metros da minha casa. Quando eu era bem jovem, costumava visitá-lo nas plantações e me sentia muito feliz por ajudá-lo de várias maneiras.

Certo dia, ele descobriu que o seu filho havia desaparecido. A noite chegou e o menino ainda não tinha voltado. Jerry ficou atormentado e angustiado. Chamou os vizinhos e, de manhã, um grupo de homens partiu a cavalo para procurá-lo, porque conhecidos tinham ouvido o menino dizer que ia escalar o Monte Kidd, uma montanha em uma área remota de West Cork, na Irlanda, perto de onde morávamos. Mas o grupo não conseguiu encontrar nenhum vestígio do garoto. Quando escureceu, eles tiveram que encerrar as buscas.

Naquela noite, enquanto dormia, Jerry, o meu atormentado vizinho, teve um sonho muito nítido. Ele viu, por meio da percepção extrassensorial, onde estava o seu filho. O local lhe era familiar e ele avistou o menino adormecido, perto de determinada pedra, coberto por arbustos. Então, ao raiar do dia, montou no seu burro e se dirigiu ao local na montanha que vira no sonho. Ele amarrou o burro e, ao subir a pé até o local exato, encontrou o filho dormindo debaixo do arbusto. Muito aliviado e feliz, Jerry acordou o garoto, que, embora surpreso ao ver o pai, lhe disse o seguinte: "Rezei para que você me encontrasse."

Esse agricultor revelara, como milhares de outras pessoas o fizeram, o poder da percepção extrassensorial de resolver os seus problemas. Eu poderia acrescentar que ele nunca foi à escola, e não sabia ler nem escrever. Sem dúvida não tinha o menor conhecimento das leis da mente ou da percepção extrassensorial (PES). As palavras "telepatia", "clarividência" e "precognição" não significavam nada para ele.

Lembro-me de ter perguntado ao Jerry: "Como você soube onde Jeremiah (o filho dele) estava?" Ele respondeu: "Deus me contou em um sonho."

A resposta, da maneira como a encaro, foi bastante simples. Pouco antes de pegar no sono, Jerry estava pensando no filho e em onde ele estaria, e provavelmente rezou para Deus do seu jeito simples. A mente subconsciente então lhe revelou a resposta em uma visão clarividente.

COMO USAR A PERCEPÇÃO EXTRASSENSORIAL

Conversei com centenas de pessoas que me relataram ter obtido informações específicas que não poderiam ter recebido por meio dos canais normais dos cinco sentidos. Em todos os casos, elas haviam se concentrado nas respostas, e a sua mente mais profunda respondera na forma de sonhos e visões noturnas, bem como em insights intuitivos.

COMO UMA MULHER TOMOU CONSCIÊNCIA DA SUA PERCEPÇÃO EXTRASSENSORIAL

Há alguns anos, uma mulher, vamos chamá-la de Sra. Jean Wright, visitou o hipódromo de Agua Caliente acompanhada pelo marido e alguns amigos. Ela não tinha o menor interesse em experiências paranormais ou psíquicas, tampouco no funcionamento da sua mente interior ou mais profunda. Naquela noite, antes de dormir, ela estava pensando nas corridas do dia seguinte e se perguntando o que deveria vestir na ocasião. Começou a pensar em como tinha ido a um hipódromo mesmo sem saber nada a respeito de cavalos, jóqueis ou apostas em corridas. Antes de adormecer, ela disse para si mesma: "Espero saber o que fazer e quero ganhar alguma coisa, já que vou apostar apenas quatro dólares — dois dólares em cada um dos páreos."

A Sra. Wright é muito intuitiva e bastante sensitiva, e sonha com muitos eventos futuros. Naquela noite ela visualizou dois cavalos, chamados Robby's Choice e Billy's Friend, como vencedores. Intuitivamente, ela sentiu que eles iriam ganhar (os seus filhos se chamam Robby e Billy).

Ao chegar ao hipódromo na manhã seguinte, a mulher perguntou ao marido como jogar e este lhe deu as instruções. Ela apostou em Robby's Choice e Billy's Friend, e ambos lhe renderam um bom dinheiro.

A mente subconsciente, que é a fonte de toda percepção extrassensorial, respondeu ao pensamento concentrado da Sra. Wright anterior ao sono. Ela focalizou a atenção em dois vencedores, o que impregnou a sua mente subconsciente. Esta última respondeu de forma correspondente, fornecendo a ela o nome de dois vencedores, os quais ela havia solicitado casualmente e sem nenhum estresse ou tensão mentais excessivos.

A PERCEPÇÃO EXTRASSENSORIAL EM AÇÃO

Um dos principais trabalhos de pesquisa no estudo dos fenômenos extrassensoriais foi conduzido pelo Professor J. B. Rhine[1], da Duke University. O Professor Rhine publicou vários livros sobre o assunto e deu palestras sobre o tema em muitos países e diante de sociedades científicas. Ele reuniu uma enorme quantidade de material — tudo autenticado e documentado — a respeito do extraordinário poder da mente. Era especialmente interessado na clarividência — a percepção, sem a utilização dos sentidos normais, do que está

---

1 Falecido em 1980. (*N. da T.*)

acontecendo em outros lugares do mundo, possibilitando assim que enxerguemos claramente esses eventos.

Ele também havia examinado mais detalhadamente a precognição (a capacidade de ver eventos futuros antes que aconteçam), a telepatia (a transferência do pensamento de uma mente para outra), a telecinese (a ação da mente sobre a matéria ou objetos externos sem qualquer contato físico) e a retrocognição (a capacidade de ver o passado). É interessante ler a respeito de laboratórios acadêmicos nos Estados Unidos, na Europa e na Índia que usam o *modus operandi* do equipamento de laboratório, bem como sobre estudos científicos realizados ao longo de muitos anos que estabelecem que essas faculdades de percepção extrassensorial existem em todos nós, mas também seguem determinadas leis básicas da ação mental.

COMO A PERCEPÇÃO EXTRASSENSORIAL POSSIBILITOU QUE ELIZABETH VISSE UM CORTEJO FÚNEBRE

Quando tinha cerca de cinco anos de idade, Elizabeth, a minha irmã mais nova, gritou bem alto no quintal da nossa casa, onde nós cinco estávamos brincando (dois irmãos e três irmãs), que tinha acabado de ver um cortejo fúnebre — que a nossa avó tinha morrido. Ela disse o nome do padre que estava conduzindo a procissão e viu que o nosso pai e a nossa mãe estavam acompanhando o cortejo em uma carruagem. Todos rimos dela, e mamãe a repreendeu por ser má e travessa ao dizer que a vovó estava morta quando todos sabíamos que ela estava muito viva e bem-disposta. Vovó morava a cerca de vinte e cinco quilômetros de distância. Na época, não havia serviço telefônico ou comunicação telegráfica naquela região remota do país. A comunicação era feita por mensageiro a pé, a cavalo ou montado em um burro.

Naquela mesma noite, um parente veio às pressas até a nossa casa para informar que nossa avó havia falecido e pedindo que a minha mãe e o meu pai comparecessem ao velório e ao enterro. O mensageiro disse que ela havia morrido às duas da tarde, o que correspondia mais ou menos à hora em que Elizabeth vira o funeral e o padre conduzindo a procissão.

Essa faculdade de percepção extrassensorial é chamada de *precognição*, porque o cortejo fúnebre (como Elizabeth o tinha descrito) aconteceu no dia seguinte e o padre cujo nome ela fornecera efetivamente conduziu a cerimônia. Infelizmente, devido às críticas e à ridicularização das suas faculdades intuitivas, à medida que o tempo foi passando a qualidade de percepção extrassensorial da minha irmã foi inibida e reprimida. Pouco a pouco, a sua faculdade precognitiva praticamente se atrofiou.

UM CASO SURPREENDENTE DE CLARIVIDÊNCIA A DISTÂNCIA

O caso clássico é o do famoso Emanuel Swedenborg, confirmado e examinado pelo igualmente famoso Immanuel Kant. Swedenborg, enquanto falava para um grupo de cientistas em Goteborg, na Suécia, teve uma visão clarividente, na qual percebeu nitidamente a origem e a progressão de um grande incêndio em Estocolmo, a mais de 400 km de distância. Ele também descreveu em detalhes a extinção do fogo. Alguns dias depois, mensageiros vindos de Estocolmo confirmaram a precisão da sua visão clarividente.

Isso demonstra que dentro de cada um de nós existem poderes transcendentais capazes de se projetar além das limitações do tempo e do espaço.

A PERCEPÇÃO EXTRASSENSORIAL ESTÁ ATIVA EM TODA PARTE

Em uma recente viagem a São Francisco, uma mulher se sentou ao meu lado no avião. Ela parecia terrivelmente perturbada e confusa. Perguntou se eu gostaria de ler um jornal. De repente, tive o impulso esmagador de indagar se ela tinha abandonado o marido, e foi exatamente o que eu fiz. Ela pareceu desconcertada e respondeu: "Sim. Por que você está perguntando?" "Porque o senti intuitivamente", respondi.

Ela comentou: "Ah! Você é uma dessas pessoas com poderes psíquicos que veem as coisas." Eu repliquei: "Não, não sou não, mas de vez em quando recebo insights da mente subconsciente que me revelam respostas. Acredito que isso aconteça com qualquer pessoa que pratique a lei mental e o caminho do espírito infinito dentro do homem."

"Entendo," retrucou ela. "Deixei o meu marido hoje de manhã e vou morar na Austrália com um homem de São Francisco assim que o divórcio dele sair. Mas agora não sei se estou fazendo ou não a coisa certa. Estou dividida."

Eu me senti impelido a lhe oferecer um conselho de acordo com a seguinte linha de raciocínio. Aventei a possibilidade de que o que ela realmente queria era encontrar o homem ideal que a amasse, a valorizasse e que se importasse com ela, e que esse amor precisava ser recíproco. "Você deseja um homem com quem se harmonize perfeitamente — do ponto de vista intelectual, espiritual e de todas as maneiras. Você está confusa e com muita raiva do seu marido atual. É imprudente tomar uma decisão na presença de uma emoção tão negativa."

A AFIRMAÇÃO QUE ELA USOU

Escrevi uma afirmação para ela e lhe disse que a usasse e seguisse a orientação que receberia no decorrer dos dias seguintes. Também a aconselhei a evitar entrar em contato com o homem com o qual pretendia se casar enquanto aguardava a orientação interior. Eis a afirmação que ela usou:

> Eu sei que existe o princípio da ação correta na vida. Sei também que o meu princípio vital interior busca se expressar através de mim de maneira tranquila, harmoniosa e alegre. Peço com firmeza que a suprema inteligência, que guia o cosmo e governa os planetas nas suas trajetórias, me responda e me oriente a tomar a decisão correta.
> Entrego agora esta ideia ou pedido à mente mais profunda existente dentro de mim, onde habita a inteligência suprema, e sigo a orientação que penetra clara e distintamente na minha mente consciente racional.

A mulher repetiu com frequência essa afirmação durante o dia e, particularmente, antes de dormir. Na terceira noite, ela teve uma visão que a assustou. O seu falecido irmão lhe apareceu em um sonho muito nítido e a avisou para não se casar com o homem de São Francisco, dizendo que ele iria apenas usá-la, roubar o dinheiro dela e, no final, não se casaria com ela. A voz disse: "Volte para o seu marido." Em seguida, o irmão desapareceu.

Essa é a percepção extrassensorial em funcionamento. As faculdades mais profundas da mente puderam ler as intenções do homem com quem ela desejava se casar; essas faculdades tinham conhecimento de que ele era falso e desonesto, e revelaram a resposta para ela. Em outras palavras, a mente subconsciente dramatizou a resposta por meio da personalidade do seu irmão, já que sabia muito bem que ela obedeceria à suposta voz dele.

Ela telefonou para o Drake Hotel, onde eu estava hospedado, e me disse, alegremente: "Recebi a minha resposta! Vou voltar para o meu marido." Tempos depois eu soube que eles tinham tido uma maravilhosa reconciliação. Nunca sabemos quando as nossas afirmações podem ser atendidas, porque é impossível descobrir os métodos do subconsciente.

A PERCEPÇÃO EXTRASSENSORIAL QUE SE MANIFESTA COMO CLARIAUDIÊNCIA

Uma médica amiga minha me disse que, sempre que tem uma decisão importante a tomar, ouve invariavelmente, com nitidez, uma voz interior, à qual implicitamente obedece. Ela afirma que se trata de uma voz subconsciente sonora, que ela escuta claramente, seja no escritório, seja na companhia de amigos. Ninguém mais ouve a voz; em consequência, sem sombra de dúvida, é um ímpeto subliminar que responde à sua fé profunda e permanente na orientação interna. Essa voz interior diz "Sim" quando aprova e "Não" quando desaprova.

Ela afirma que a voz interior está sempre certa. Ao longo do tempo, essa médica condicionou a mente a acreditar que Deus a guia de todas as maneiras. Hoje ela vivencia a resposta automática da sua mente mais profunda sempre que precisa de uma resposta.

A CLARIAUDIÊNCIA NA HISTÓRIA

Sócrates admitiu abertamente que o tempo todo era conduzido e guiado pelo seu "daemon", que ele caracterizava como uma voz interior admonitória que ouvia e à qual obedecia. Essa voz interior lhe dizia o que não fazer. Quando ela não falava, Sócrates encarava o silêncio com um consentimento tácito. Nos *Diálogos* de Platão, lemos que esse "daemon", ou voz intuitiva, conferia a Sócrates um extraordinário conhecimento que ofuscava os seus cinco sentidos.

Outro exemplo notável de clariaudiência é o de Joana D'Arc, a extraordinária heroína visionária da França. A história nos informa que ela dependia completamente das mensagens diretas ou "vozes" da sua mente subconsciente. Historiadores importantes investigaram ao longo dos séculos os seus feitos extraordinários. A conclusão de muitos psicólogos e de outros especialistas é a de que ela foi, sem dúvida, clarividente e clariaudiente.

Um dos exemplos singulares dos poderes de clarividência de Joana D'Arc foi demonstrado quando ela era menina e morava em Domremy. Ela divulgou publicamente que havia uma espada enterrada atrás do altar da Igreja de Santa Catarina em Fierbois. A garota nunca tinha estado na igreja. Um homem escavou o solo perto do altar e encontrou a espada exatamente como Joana D'Arc havia anunciado.

COMO OS PODERES DE PERCEPÇÃO EXTRASSENSORIAL ENCONTRARAM UM RECIBO PERDIDO

Algumas semanas atrás, um homem me telefonou de Nova Orleans, na Louisiana, me dizendo que estava absolutamente certo de que a sua esposa, antes de morrer, pagara 2.500 dólares à vista por um relógio de platina que lhe dera de presente de aniversário nas bodas de ouro do casal, porque ela lhe mostrara o recibo. No entanto, o joalheiro estava cobrando dele o pagamento da quantia. O homem insistiu com o joalheiro que a sua mulher havia pagado à vista e que ela tinha o recibo. O joalheiro foi inflexível. Afirmou que o relógio fora comprado a crédito e lhe mostrou o lançamento no seu livro contábil.

O homem procurou na casa inteira, mas não conseguiu encontrar o recibo. Ele me perguntou: "Você pode me ajudar? Li o seu livro *O poder do subconsciente*, e estou me referindo particularmente ao trecho onde um testamento foi encontrado por meio do poder do subconsciente."

Respondi que iria pedir à inteligência infinita existente dentro dele que lhe revelasse a resposta, e que ele seria conduzido a ela. Sugeri que, igualmente, ele deveria afirmar ousadamente e acreditar que a inteligência infinita tem conhecimento de todas as coisas. Ela sabia onde estava o recibo e o revelaria para ele na ordem divina.

Mais ou menos uma semana depois, o homem me escreveu dizendo que, certa noite, enquanto dormia, uma pessoa que lembrava um antigo sábio apareceu para ele e apontou para determinada página no Livro de Isaías. O homem viu claramente o recibo que estava procurando. Acordou de repente e, na mesma hora, foi até a sua biblioteca. Abriu a Bíblia na página que viu no sonho, e lá estava o recibo. A mente subconsciente infinita lhe forneceu a resposta que transcendia o poder da sua mente consciente.

COMO DEIXAR A PERCEPÇÃO EXTRASSENSORIAL TRABALHAR PARA VOCÊ

Você certamente já ouviu a sabedoria de "consultar o travesseiro". Isso significa que, quando a mente consciente é silenciada e você focaliza a atenção na solução ou resposta que está procurando, a mente mais profunda, repleta de sabedoria, poder e inteligência infinita, responderá a você e resolverá o seu problema.

Se você perdeu alguma coisa e já procurou por ela em toda parte, pare de se atormentar e se preocupar com o assunto. Relaxe, desista, entregue o seu pedido à mente subconsciente e converse com ela da seguinte maneira:

A inteligência infinita dentro da minha mente subconsciente tem conhecimento de tudo. Ela sabe onde está a coisa que estou procurando e me revela esse lugar clara e distintamente. Sou divinamente conduzido a ele. Confio implicitamente na minha mente mais profunda. Relaxo e deixo de pensar no assunto.

Quando você relaxa, deixa de pensar no assunto, se desliga e passa a se ocupar de outra coisa, as faculdades de percepção extrassensorial da mente subconsciente o conduzirão diretamente ao objeto que você perdeu. Você poderá vê-lo de modo clarividente em um sonho ou ser conduzido diretamente ao local onde ele está.

Está escrito, "(...) Deus dá aos seus amados enquanto dormem" (Salmos 127:2). Todos temos um maravilhoso legado nessas palavras poderosas!

9 Utilize o poder secreto do autodomínio

Lemos em Marcos 11:23: "Porque em verdade vos digo que quem quer que diga a esta montanha: Ergue-te e lança-te no mar, e não duvidar no seu coração, mas acreditar que o que diz acontecerá, terá tudo o que disser."

A verdade dessas palavras nunca o desapontará e lhe suprirá o poder infinito para a vida perfeita. A montanha mencionada na Bíblia corresponde às dificuldades, desafios e problemas que você enfrenta. Eles podem parecer opressivos e esmagadores, mas, se você tiver fé no poder infinito e não duvidar dele, afirmará ousadamente o seguinte:

> Vá embora. Eu vou superar este desafio por meio do poder infinito. Este problema é divinamente subjugado. Vou atacá-lo com coragem, ciente de que todo o poder, sabedoria e força necessários me serão conferidos. Tenho uma fé inabalável de que Deus sabe a resposta, e eu sou um só com Deus. Ele me revela a saída, o final feliz. Cami-

nho nessa suposição, e, enquanto o faço, sei que a montanha vai se desvanecer — vai desaparecer de vista, dissipada na luz do amor de Deus. Acredito e aceito o que estou afirmando; que assim seja.

COMO UMA JOVEM SEM ESPERANÇA DESENVOLVEU O AUTODOMÍNIO

Há alguns anos, quando eu estava palestrando em Honolulu, uma jovem japonesa que sofria de desânimo e depressão aguda foi me visitar. Ela tinha apenas 30 anos e fora submetida a uma extensa cirurgia que incluiu a remoção de uma das mamas e uma histerectomia. Ela declarou: "Não sou mais uma mulher. Não posso ter filhos e ninguém me quer." Citando Emerson, eu disse a ela: "Você é um órgão de Deus e Ele precisa de você onde você está, caso contrário você não estaria aqui."

Enfatizei para ela que ao longo da vida deparamos com a desesperança e reveses, e não há como negar o fato que todos temos provações e dificuldades. No entanto, todos temos uma força infinita dentro de nós que nos confere poder sobre a desesperança e a depressão, e a alegria reside em superar e dominar qualquer situação.

Sugeri então que a maneira mais rápida de ela superar a depressão era doar de corpo e alma os seus talentos, amor, bondade e aptidões para os outros. Dessa maneira ela se livraria da autoabsorção, da autocomiseração e da autocondenação. Recomendei que, sendo enfermeira, ela deveria voltar a exercer a atividade e se dedicar a oferecer um atendimento melhor aos outros, derramando o amor restaurador de Deus sobre todos os seus pacientes e doando mais do seu eu divino para os outros. Lembrei a ela que a pessoa egocêntrica raramente é feliz e que o segredo de uma vida plena reside em doar mais vida, amor, alegria e felicidade para os outros.

Aconselhei também que ela lesse diariamente, em voz alta, o Salmo 42, saboreando as palavras como degustaria uma deliciosa refeição. Acrescentei que eu não estava dizendo para ela murmurar as palavras ou fazer afirmações ociosas, e sim que eu queria que ela sentisse as magníficas verdades contidas nelas, estabelecendo desse modo um sentimento profundo e fundamental de identidade com Deus pelo qual a sua mente e coração seriam transformados pelo poder infinito interior.

Como ela praticou a presença de Deus

Ela seguiu a minha sugestão e voltou a trabalhar como enfermeira, estendendo graça, amor e estímulo a todos os seus pacientes e falando com eles sobre o poder infinito de Deus capaz de curá-los e despertar sua fé. Ela me escreveu dizendo que, em dois anos, nenhum paciente seu tinha morrido. Ela reza para cada indivíduo que está sob os seus cuidados, afirmando: "Deus é vida e a Sua vida, amor e poder estão agora se manifestando no Sr. ou Sra. _____." Essa é a sua prece constante para os que estão sob os seus cuidados. Essa é a prática da presença de Deus, porque é a prática permanente de harmonia, saúde, paz, alegria, amor e totalidade para cada pessoa.

A sua vitória triunfante

Em um dia de Natal, tive a alegria de oficiar uma cerimônia de casamento na minha casa unindo essa enfermeira e o médico que a havia operado, na qual eles se uniram no sagrado matrimônio. Depois da cerimônia, o médico, agora marido, declarou: "Ela é mais do que uma enfermeira, é um anjo de misericórdia." Ele enxergou o brilho interior e a beleza da alma na esposa. Emerson escreveu o seguinte: "Anéis e joias não são presentes. O único presente é uma parte de ti mesmo."

Este é o Salmo que fomentou a dádiva de Deus:

Como o cervo brama pelas correntes das águas, assim suspira a minha alma por ti, ó Deus!

A minha alma tem sede de Deus, do Deus vivo;
quando chegarei e me apresentarei diante de Deus?

As minhas lágrimas me servem de alimento de dia e de noite, enquanto me dizem constantemente: Onde está o teu Deus?

Quando me lembro dessas coisas, dentro de mim derramo a minha alma; pois eu havia ido com a multidão; fui com eles à casa de Deus, com voz de alegria e louvor, com a multidão que festejava.

Por que estás abatida, ó minha alma, e por que estás inquieta dentro de mim? Tem esperança em Deus, pois ainda O louvarei pela ajuda da Sua presença.

Ó meu Deus, dentro de mim a minha alma está abatida; portanto, me lembrarei de Ti desde a terra do Jordão, e desde os hermonitas, do monte Mizar.

Um abismo chama outro abismo, ao ruído das Tuas cataratas; todas as Tuas ondas e vagas passaram sobre mim.

Contudo, o Senhor ordenará de dia a Sua misericórdia, e de noite a Sua canção estará comigo, e a minha oração dirigida ao Deus da minha vida.

Direi a Deus, a minha rocha: Por que Te esqueceste de mim? Por que fico me lamentando por causa da opressão do inimigo?

Como com uma espada nos meus ossos, me censuram os meus inimigos, quando todos os dias me dizem: Onde está o teu Deus?

Por que estás abatida, ó minha alma? E por que estás inquieta dentro de mim? Tem esperança em Deus, pois ainda O louvarei, Ele que é a saúde da minha aparência e o meu Deus (Salmo 42).

COMO APLICAR O AUTODOMÍNIO NA SUA VIDA PARA BÊNÇÃOS MAIS ABUNDANTES

Algum tempo atrás atendi uma mulher que estivera hospitalizada durante cerca de dois meses por causa do que ela chamava de esgotamento nervoso e úlceras perfuradas. O problema dela era basicamente emocional. Ela disse que o seu marido era difícil; ele lhe dava apenas quarenta dólares por semana para administrar a casa e comprar comida para duas crianças e depois queria saber para onde tinha ido todo o dinheiro. Ele não permitia que ela fosse à igreja porque achava que todas as religiões eram "trambique". Ela adora tocar instrumentos, mas ele não queria ter um piano em casa.

Ela respeitava as ideias distorcidas, tortuosas e mórbidas do marido, frustrando com isso os seus próprios desejos, aptidões e talentos inatos, mas se ressentia profundamente disso, e a raiva e frustração reprimidas provocaram o seu colapso nervoso e as úlceras. O marido estava causando sérios estragos nas emoções da esposa por causa da resistência absurda, egoísta e insensível às ideias e valores dela.

Como a explicação foi a cura

Expliquei para essa mulher talentosa que o casamento não é uma licença para ameaçar, intimidar e reprimir as aspirações e a personalidade do outro. Enfatizei que é preciso haver amor mútuo, liberdade e respeito entre marido e mulher, e que nenhum dos cônjuges deve ser intimidado, dependente, amedrontado ou subserviente. Ela teria que se tornar psicológica e espiritualmente amadurecida e parar de reprimir a sua personalidade.

Ao conversar com ambos, sugeri que cada um deixasse de ser um abutre (ou seja, parasse de se concentrar nas deficiências, fraquezas e pontos fracos do outro) e, em vez disso, começasse a enxergar no outro as coisas boas e as qualidades maravilhosas que admirava quando se casaram. O marido logo percebeu que o ressentimento e a raiva reprimida da esposa eram a causa do seu esgotamento nervoso e hospitalização. Eles fizeram um acordo pelo qual a mulher poderia se expressar tanto musical quanto socialmente. Também concordaram em abrir uma conta corrente conjunta baseada no amor mútuo, na lealdade e na confiança.

Eis a afirmação que sugeri para o marido:

A partir de agora, deixarei de tentar modificar a personalidade da minha mulher. Não desejo que ela seja uma segunda edição de mim mesmo, tampouco quero que esconda os seus talentos ou a sua personalidade. Irradio amor, paz e boa vontade para ela. O meu desejo sincero é que a inteligência infinita que existe dentro dela a governe, guie e oriente de todas as maneiras e que o amor divino circule através da sua mente e do seu corpo em todos os momentos. A paz de Deus inunda constantemente a sua mente. Afirmo que ela é alegre, feliz, saudável e divinamente concebida. Eu sei que os meus pensamentos executam a si mesmos. Também sei que a afirmação é um hábito, e, à medida que eu continuar a pensar habitualmente dessa maneira, vou me tornar um marido amoroso, bom e compreensivo. Sempre que eu pensar na minha mulher, vou afirmar em silêncio: "Deus a ama e se importa com você."

Sugeri a seguinte afirmação para a esposa:

Enxerguei qualidades maravilhosas no meu marido quando me casei com ele. Essas qualidades ainda estão presentes, e a partir de agora, passo a me identificar com as qualidades refinadas e não com as deficiências dele. Eu sei, sinto e afirmo que a inteligência infinita o conduz, guia e orienta de todas as maneiras. Exalto Deus nele de maneira regular e sistemática. A lei e a ordem divinas circulam através dos pensamentos, palavras e ações dele dirigidos a mim e aos nossos filhos. Deus o ama e se importa com ele. Ele é bem-sucedido, e Deus o faz prosperar. Ele recebe inspiração do Alto. Eu sei que todos esses pensamentos, reiterados de maneira regular e sistemática por mim, encontram o caminho para a minha mente subconsciente e que, assim como as sementes, eles se manifestam de acordo com a sua espécie. Sempre que eu pensar no meu marido, vou afirmar imediatamente: "O Deus que está em mim saúda o Deus que está em você."

Como a persistência paga dividendos e produz o domínio

Tanto o marido quanto a mulher permaneceram fiéis ao acordo que fizeram e às afirmações. Eles sabiam que acreditar em alguma coisa significa fazê-la acontecer. Mais ou menos um mês depois, recebi um telefonema da mulher: "Despertei (acreditei) para essas verdades que você escreveu para mim. Elas estão registradas no meu coração (mente subconsciente)." O marido acrescentou: "Tanto eu quanto a minha mulher somos agora senhores dos nossos pensamentos, emoções e reações. O autodomínio é algo real na nossa vida." Eles descobriram que o poder infinito para a vida perfeita está sempre dentro deles mesmos.

COMO UM JOVEM DESANIMADO CONQUISTOU A AUTOESTIMA E O RECONHECIMENTO

Certo jovem se queixou para mim de que era constantemente menosprezado em reuniões sociais e que era preterido nas promoções na empresa em que trabalha. Ele acrescentou que recebe com frequência em sua casa, mas nunca é convidado para visitar os colegas e outras pessoas que haviam estado lá. O seu coração abrigava um profundo e violento rancor por todos.

Enquanto esse jovem instruído conversava comigo e discutia a sua infância e ambiente familiar, ele me informou que foi criado por um pai puritano da Nova Inglaterra. A sua mãe morreu no parto. O pai, que era tirânico e despótico, dizia frequentemente para o filho: "Você é um inútil. Nunca vai dar em nada. É burro. Por que você não é inteligente como o seu irmão? Tenho vergonha das suas notas na escola." Descobri que esse rapaz na verdade odiava o pai.

Ele cresceu com um complexo de rejeição e, inconscientemente, sentia que não poderia ser aceito pelas pessoas. Usando uma expressão vulgar, ele tinha um buraco psíquico e era terrivelmente sensível na esfera das relações humanas. Isso era acompanhado por uma expectativa subjetiva e pelo medo de ser rejeitado pelos outros, quer sendo grosseiramente ofendido, quer sendo, como se diz habitualmente, "colocado na geladeira".

Como os seus complexos negativos foram eliminados

Enfatizei que, segundo a minha avaliação, ele constantemente temia ofensas e rejeição; além disso, estava projetando sobre os outros a raiva e o ressentimento que sentia em relação ao pai. Ele desejava compulsivamente ser menosprezado, rejeitado ou desprezado pela postura, atitude e comentários de alguém, ou ainda pelo que parecia ser um maior interesse dos outros. Expliquei ao rapaz a lei da sua mente e lhe dei de presente um exemplar de *O poder do subconsciente*. Também lhe apresentei um plano muito prático para que ele superasse o complexo de rejeição e assumisse o domínio sobre a sua vida.

O plano prático passo a passo

O primeiro passo na resolução de um problema desse tipo é compreender que, independentemente de quais possam ter sido as experiências anteriores, elas podem ser completamente erradicadas quando suprimos a mente subconsciente com as eternas verdades e padrões revigorantes de pensamento. Como a mente subconsciente é receptiva à sugestão e controlada pela mente consciente, todos os padrões negativos, complexos, medos e inferioridades podem ser expurgados. Estes são os padrões revigorantes:

Reconheço que essas verdades são genuínas. Sou filho do Deus vivo. Deus reside dentro de mim e é o meu verdadeiro eu. A partir deste momento, vou amar o meu Deus interior. Amar significa honrar, respeitar, dar apoio e ser leal à única presença e ao único poder. A partir de agora, respeito a divindade que molda os meus propósitos. A presença de Deus que existe dentro de mim me criou, me sustenta e é o meu princípio vital interior. A Bíblia diz: *"Amarás o teu próximo como a ti mesmo"* (Levítico 19:18). O próximo é a coisa que está mais perto de mim, ou, mais próximo está Ele do que o alento; mais próximo do que as mãos e os pés. Em cada momento consciente do dia eu homenageio, exalto, glorifico e tenho um respeito saudável e reverente pela presença divina que existe dentro de mim. Eu sei que, à medida que eu exaltar e alimentar um respeito saudável e benéfico pelo Eu divino existente dentro de mim, automaticamente vou respeitar e amar o Deus na outra pessoa. Sempre que eu me vir propenso a me criticar ou achar defeitos em mim, vou afirmar de imediato: "Homenageio, amo e exalto a presença de Deus que existe dentro de mim, e amo o meu Eu cada vez mais a cada dia." Eu sei que não posso amar e respeitar os outros enquanto não amar, reverenciar, respeitar e demonstrar lealdade e devoção ao verdadeiro Eu divino que existe em mim e que tem o poder de curar. Ao reverenciar Deus dentro de mim, reverenciarei a dignidade e magnificência divinas de todos os homens. Conheço essas verdades, quando elas penetram na minha mente subconsciente com sentimento, consciência e convicção; e sou subconscientemente compelido a expressar essas verdades, já que a natureza da mente subconsciente é a compulsão. Sou compelido a expressar o que quer que seja gravado nela. Acredito implicitamente nisso. É maravilhoso!

O segundo passo é repetir frequentemente essas verdades, três ou quatro vezes por dia, em períodos especiais a fim de estabelecer o hábito do pensamento construtivo.

O terceiro passo é nunca condenar, depreciar ou degradar a si mesmo. No momento em que lhe ocorrer um pensamento como "Sou inútil", "Alguém botou olho grande em mim", "Sou desprezado" ou "Não sou ninguém", inverta-o imediatamente dizendo: "Eu exalto Deus que vive em mim."

O quarto passo é imaginar a si mesmo se relacionando com os seus companheiros de maneira amistosa, agradável e cordial. Imagine e ouça os seus superiores parabenizando você por um trabalho bem-feito. Imagine que você está sendo recebido e aceito com cortesia na casa dos seus amigos. Acima de tudo, acredite na sua imagem e na realidade dela.

O quinto passo é compreender e saber que o quer que você pense e imagine habitualmente precisa necessariamente acontecer, já que aquilo que é gravado na mente subconsciente precisa se expressar na tela do espaço como experiências, condições e eventos.

Aquele rapaz seguiu conscienciosamente o método que acabo de descrever, ele sabia o que estava fazendo e o motivo pelo qual o estava fazendo. Por ter conhecimento da maneira como a mente subconsciente funciona, dia a dia ele foi adquirindo confiança na técnica e na sua aplicação. Gradualmente, conseguiu purgar o seu subconsciente de todos os antigos traumas psíquicos. Ele agora é bem-vindo na casa dos colegas e tem sido recebido pelo presidente e vice-presidente da empresa em que trabalha. Ele sabe que a aplicação do poder cósmico dentro de si contribui para o autodomínio sobre o passado ou condições, experiências e eventos. "Seja-vos feito segundo a vossa fé" (Mateus 9:29).

COMO A MAIS COMPLETA INFELICIDADE CONJUGAL FOI SUPERADA

Recebi recentemente a seguinte carta, de uma mulher do Texas:

> Prezado Dr. Murphy, li o livro de sua autoria, *A força do poder cósmico*, que me ajudou muito. Eu gostaria de receber o seu conselho com relação ao meu problema. O meu marido me critica constantemente usando uma linguagem abusiva, sarcástica e hostil. A hipocrisia do meu marido me impede de acreditar em qualquer coisa que ele diga. Ele dorme em outro quarto, e não temos nenhum tipo de intimidade conjugal. Ele encontra defeito em qualquer espécie de trabalho comunitário a que eu me dedique. Há cinco anos não recebemos convidados na nossa casa. Sinto muita raiva do meu marido. Temo que esteja começando a odiá-lo. Já tivemos aconselhamento espiritual, bem como ajuda psicológica e orientação jurídica. Não consigo me comunicar com ele. O que devo fazer?

Esta foi a minha resposta:

> Cara _____, você não pode se permitir sentir ressentimento ou ódio por qualquer pessoa no mundo. Esses sentimentos ou atitudes são venenos mentais que debilitam a personalidade e a privam de paz, harmonia, saúde e discernimento. Eles corroem a sua alma e a destroem física e mentalmente. Você é a única pensadora no seu mundo, e é responsável pela maneira como pensa a respeito do marido que ele não é. A minha suges-

tão é que você pare de tentar se comunicar com ele e o entregue completa e inteiramente a Deus. Viver uma mentira é errado. É melhor dissolver uma mentira do que vivê-la. Há um momento na nossa experiência no qual, depois de termos feito todo o possível para resolver um problema, devemos seguir a prescrição de Paulo: "Tendo feito tudo, eu repouso"; em outras palavras, você repousa na sabedoria cósmica interior para resolver o problema. Você visitou psicólogos, advogados e pastores, obviamente em um espírito de boa vontade, buscando promover a cura, mas, aparentemente, não há nenhuma solução à vista. Dedique-se a atividades construtivas e adote uma nova atitude com relação ao seu marido, pensando, por exemplo: "Nenhuma dessas coisas me atinge."

Eis um padrão de afirmação que, se você segui-lo, produzirá resultados, pois o poder cósmico nunca desaponta:

Entrego o meu marido a Deus. Ele o criou e o sustenta. Deus revela para ele o seu verdadeiro lugar na vida onde ele é divinamente feliz e abençoado. A sabedoria cósmica revela para ele o plano perfeito e lhe mostra o caminho que deve seguir. O poder cósmico circula através dele como amor, paz, harmonia, alegria e ação correta. Sou divinamente guiada a fazer o que é certo e a tomar a decisão correta. Sei que o que é a ação correta para mim também o é para o meu marido; além disso, também sei que o que abençoa um abençoa a todos. Sempre que penso no meu marido, independentemente do que ele possa dizer ou fazer, tudo o que faço é afirmar com entendimento e sentimento: "Eu o entreguei a Deus." Estou em paz com relação a tudo, e desejo para o meu marido todas as bênçãos da vida.

Recomendei que ela cultivasse uma vida construtiva própria, expressando os seus talentos e dando seguimento aos projetos comunitários. Aconselhei-a a permanecer fiel à afirmação específica, explicando-lhe que esses pensamentos divinos purgariam a sua mente subconsciente de todo o ressentimento e outras concentrações venenosas negativas e destrutivas alojadas na sua mente mais profunda. Isso seria feito da mesma maneira como a água limpa purifica, gota a gota, um balde com água suja para que possamos ter água limpa para beber. É claro que você pode direcionar a mangueira para o balde com água suja e obter água limpa mais rápido. A mangueira, metaforicamente falando, seria uma transfusão do amor e da boa vontade divinos para a alma, produzindo uma purificação imediata. No entanto, o procedimento habitual é o processo de purificação gradual.

Um desfecho interessante

O resultado do processo de afirmação descrito foi interessante. como revela a carta a seguir:

> Prezado Dr. Murphy: Estou profundamente grata pela sua carta, conselhos e técnica de oração, os quais segui religiosamente. Quando meu marido se mostrava sarcástico e despejava palavras obscenas e insultos, eu o abençoava afirmando silenciosamente: "Eu o entrego a Deus." Passei a me dedicar a atividades hospitalares e dei seguimento ao trabalho comunitário, o que possibilitou que eu fizesse muitos amigos nas últimas seis semanas depois que comecei a fazer a afirmação. O meu marido pediu o divórcio na semana passada, e eu de bom grado concordei. Já fizemos um acordo com relação às propriedades, que

é mutuamente satisfatório. Ele vai a Reno para pedir o divórcio e pretende se casar com uma mulher que eu sinto ser adequada para ele. Também me apaixonei por um ex-namorado de infância que reencontrei durante o trabalho no hospital. Vamos nos casar assim que eu estiver legalmente livre.

Deus opera seus milagres de maneiras verdadeiramente misteriosas.

10 Viva uma vida gratificante

No Dia de Ação de Graças peguei um avião para a Ilha de Kauai para confraternizar com as pessoas, visitar as diversas cidades e os belos cenários e, acima de tudo, para conhecer alguns dos havaianos nativos. Conheci um guia que me apresentou a muitos dos seus amigos e me levou a várias casas na ilha para que eu visse como os nativos vivem. Nas casas que visitei, encontrei pessoas alegres, felizes e livres. Elas são gentis, generosas, profundamente espirituais e repletas da música e da alegria de Deus. Eu me vi olhando para pessoas que, por meio do amor de Deus, estão vivendo a vida gloriosamente no espírito da liberdade divina. Nas páginas seguintes, vou detalhar como você também pode definir um padrão para uma vida vitoriosa.

COMO UM PADRÃO PARA UMA VIDA VITORIOSA FOI ENCONTRADO

Ao fazer compras em uma aldeia remota da ilha, tive uma conversa interessante com um homem que veio dos Estados Unidos há alguns anos e que agora dirige uma loja na zona rural. Ele me disse que tinha sido alcoólatra. A mulher o abandonara e levara todo o dinheiro com ela (os dois tinham conta conjunta). Ele se tornara amargo, irritável e detestável, e tinha tido muita dificuldade para se integrar a uma empresa. Um amigo lhe sugeriu que ele fosse para Kauai, explicando que essa era a ilha mais antiga da cadeia havaiana, dotada de rara beleza, com uma vegetação luxuriante e muitas flores. O seu amigo lhe falou dos vívidos e profundos cânions, das praias douradas e dos rios sinuosos que o haviam encantado.

Como ocorreu uma mudança de atitude

Esse homem trabalhou em plantações de cana-de-açúcar durante alguns meses. Certo dia, caiu doente e teve que ficar hospitalizado durante várias semanas. Os havaianos foram visitá-lo todos os dias, levando frutas para ele, rezando para que se curasse e demonstrando um profundo interesse pelo seu bem-estar. A bondade, o amor e a atenção dessas pessoas penetraram no seu coração e ele retribuiu derramando amor, paz e boa vontade sobre elas. Ele se tornou um homem transformado.

Um padrão para a vida perfeita

A fórmula desse homem é muito simples: o amor sempre vencerá o ódio e o bem sempre triunfará sobre o mal, porque é assim que o universo é formado. Quero fazer um comentário sobre o que ocorreu do ponto de vista psicológico e espiritual nesse caso. O coração daquele homem estava corroído pela amargura, culpa e ódio pelas mulheres. O amor, a bondade e as preces dos seus companheiros de trabalho penetraram nas camadas da sua mente subconsciente, removendo todos os padrões negativos que lá estavam alojados, e o seu coração se tornou repleto de amor e boa vontade. Ele descobriu que o amor é o solvente universal. A sua constante afirmação agora é a seguinte: "Eu derramo o amor, a paz e a alegria de Deus sobre cada pessoa que encontro todos os dias da minha vida." Quanto mais amor ele dá, mais ele recebe. Dar é mais abençoado do que receber.

Afirmação para uma vida gloriosa

Todas as manhãs, ao abrir os olhos, afirme ousadamente, com profundo sentimento e entendimento, a seguinte afirmação:

> Este é o dia que o Senhor criou; regozije-se e alegre-se nele. Vou me regozijar e agradecer pelo fato de a minha vida ser dirigida pela mesma sabedoria eterna que guia os planetas nas suas trajetórias e que faz o sol brilhar.
>
> Vou viver gloriosamente a vida hoje e todos os dias. Vivencio uma quantidade cada vez maior do amor, da luz, da verdade e da beleza de Deus o dia inteiro, hoje e sempre.
>
> Vou ajudar da melhor maneira possível todos aqueles com quem trabalho e com quem eu entrar em contato, e essa ajuda vai me proporcionar um enorme prazer.
>
> Vou sentir um incrível entusiasmo pelo meu trabalho e pelas maravilhosas oportunidades de servir.
>
> Eu me alegro e agradeço por estar vivenciando uma parcela cada vez maior do amor, da vida e da verdade de Deus todos os dias, e por estar manifestando uma grande quantidade da glória de Deus.

Comece cada dia afirmando essas milagrosas verdades e acredite na realidade delas. O que quer que você acredite e firmemente anteveja acontecerá, e maravilhas ocorrerão na sua vida.

COMO CAMINHAR E FALAR COM PAZ E SERENIDADE

Conheci um homem extraordinário na Fern Grotto [Gruta Fern], onde a tripulação dos barcos é famosa por cantar a inesquecível "Hawaiian Wedding Song" [Canção Havaiana do Casamento]. Ele tinha 96 anos, caminhava vigorosamente e cantava com entusiasmo as belas canções de amor havaianas no barco que nos conduziu à famosa gruta. Depois do passeio, ele me convidou para ir à sua casa, o que foi uma rara experiência. No jantar, foi servido pão de mel de fabricação caseira, mamão, torta de maçã, arroz, salmão grelhado e café Kona cultivado em uma das ilhas vizinhas.

Durante o jantar, o homem me contou como se tornara um novo homem em Deus e, aos 96 anos, ele sem dúvida atestava a veracidade dessa afirmação. As suas bochechas eram coradas, refletindo uma saúde radiante e vigorosa; os seus olhos eram repletos de luz e amor; a felicidade cobria todo o seu rosto. Ele falava fluentemente inglês, espanhol, chinês, japonês, além das línguas havaianas. Aquele homem me presenteou com a torrente mais requintada de sabedoria nativa, observações espirituosas, gracejos e bom humor que eu já ouvira até então.

Fiquei completamente fascinado e finalmente perguntei: "Me conte o seu segredo de vida e alegria. Você parece estar borbulhante de entusiasmo e energia." "Por que eu não deveria estar forte e feliz?", respondeu ele. "Veja bem, sou dono da ilha e, no entanto, não possuo nada." Ele então acrescentou: "Deus é dono de tudo, mas a ilha inteira e tudo o que ela contém estão aqui para que eu os aprecie — as montanhas, os rios, as cavernas, as pessoas e os arco-íris. Você sabe como eu obtive esta casa?", perguntou, respondendo em seguida: "Um turista agradecido a comprou e me deu de presente; caso contrário, eu não a teria."

Como Deus o curou

Esse homem acrescentou que mais ou menos sessenta anos antes estava morrendo de tuberculose e o seu caso tinha sido considerado sem esperança, mas um Kahuna (sacerdote nativo) local o visitou e disse a ele e à sua mãe que ele ia viver e que Deus ia curá-lo. O Kahuna entoou preces, colocou as mãos na sua garganta e no peito e invocou o poder de cura de Deus na sua língua nativa. Depois de fazer a entoação durante mais ou menos uma hora, o Kahuna declarou que o homem estava completamente curado e no dia seguinte ele foi pescar. A partir de então, disse ele, "Nunca senti nenhum tipo de dor. Tenho pernas maravilhosas. Já caminhei por todas essas montanhas que você vê. Além disso, tenho amigos agradáveis e amorosos, alguns cachorros e cabras, e esta ilha maravilhosa. E tenho Deus no coração. Por que não deveria ser forte e feliz?

O homem realmente caminha e conversa com Deus, e, por ter Deus no coração, é feliz todos os dias. Esse homem maravilhoso cultiva a sua terra, cuida das suas cabras e carneiros, visita os doentes, comparece a todos os eventos e canta canções de amor havaianas que sensibilizam a nossa alma.

A canção da saúde e vitalidade

A única instrução que o Kahuna deu a ele foi a seguinte: "Entoe o Salmo 100. Viva com essas verdades no coração de manhã, à tarde e à noite e você nunca mais ficará doente." Ele entoou o salmo para mim, e nunca ouvi em toda a minha vida algo tão tocante, encantador, penetrante e comovente. Era como se a melodia de Deus tocasse no meu plexo sacral.

Este é o Salmo do louvor:

Celebrai com júbilo o Senhor, todos os habitantes da Terra.

Servi o Senhor com alegria e apresentai-vos a ele com canto.

Sabei que o Senhor é Deus; foi ele, e não nós, que nos criou; somos o seu povo, as ovelhas do seu pasto.

Entrai pelos portões dele com gratidão e nos seus pátios com louvor: sede grato para com ele e abençoai o seu nome.

Porque o Senhor é bom, e eterna a sua misericórdia; e a sua verdade se estende de geração a geração (Salmos 100:1-5).

Como a fé e a receptividade curam

Por conhecer as leis da mente, você pode prontamente perceber a impressão que o sacerdote Kahuna causou nesse homem. Ele tinha uma fé absoluta nos poderes do Kahuna e acreditava implicitamente que seria curado. A sua mente subconsciente respondeu de acordo com a sua crença. Hoje, enquanto ele entoa diariamente o Salmo 100, a sua mente e o seu coração são elevados em um grato reconhecimento a Deus. Com isso, ocorre uma reação automática da Lei, que coloca um sem-número de bênçãos no caminho dele

A lei da gratidão

O coração agradecido está sempre perto de Deus. À medida que esse homem agradece diariamente pela saúde, abundância, segurança e inúmeras bênçãos, Deus multiplica imensamente os seus benefícios. Isso se baseia na lei da ação e reação, que é cósmica e universal. A Bíblia diz o seguinte: "Chegai-vos a Deus, e ele se chegará a vós" (Tiago 4:8). Thoureau declarou: "Devemos agradecer por ter nascido." Pratique cantando e vivendo as verdades do Salmo 100. Escreva essas verdades no seu coração repetindo-as devagar, com amor e sentimento. À medida que você fizer isso, essas ideias encontrarão o caminho das camadas mais profundas da sua mente e, como sementes, germinarão de acordo com a sua espécie. Deixe que maravilhas aconteçam na sua mente.

COMO UMA AVÓ PERMANECE INCESSANTEMENTE DINÂMICA E INSPIRADA NA VIDA

Conversei com uma avó que se sentou ao meu lado na viagem de barco para o famoso Cânion Waimea, um desfiladeiro que desce a cerca de 900 metros perto do Rio Waimea. Ela estava levando as duas netas para um passeio turístico. A mulher teceu comentários sobre o brilhante colorido do estrato do penhasco e a vegetação tropical que revestia as laterais do cânion. Eu poderia acrescentar que as sombras das nuvens em eterna transformação tornavam a paisagem inesquecível. Essa bela mulher espiritual me disse que tem mais de 90 anos e que não tinha estado doente um único dia na vida, porque, segundo ela, "eu rezo o tempo todo". Essa mulher havaiana ministra cursos na Escola Dominical, escreve poesia, rema, pesca, ordenha as suas duas vacas todos os dias, fala diante de grupos de mulheres e está planejando no momento uma turnê para vinte pessoas na Europa.

Ela me mostrou um cartão no qual estavam datilografadas as seguintes palavras de Tennyson: "Oh, vejo que a crescente promessa do meu espírito não se estabeleceu. Antigas fontes de inspiração ainda jorram através de toda a minha imaginação." No verso do cartão, lia-se o verso bíblico: "Ó vós todos que tendes sede, vinde às águas, e aquele que não tem dinheiro, vem, compra e come; sim, vinde e comprai; sim vinde, comprai vinho e leite sem dinheiro e sem preço" (Isaías 55:1).

O vinho na Bíblia significa inspiração vinda do alto, onde o Espírito Santo circula através de você energizando e animando todo o seu ser. O leito simboliza nutrição. Alimente a sua mente com ideias que curam, abençoam, elevam, inspiram e dignificam a sua alma. Alimente a sua mente todos os dias com pensamentos de amor, paz, fé, confiança, sucesso e ação correta divina. O preço que você paga é a atenção, devoção e lealdade para com essas eternas verdades.

O segredo para uma vida jubilosa

A mulher descobriu o segredo de uma vida inspirada e dinâmica vivendo no coração essas duas maravilhosas citações até que se tornaram uma parte viva dela. Ela acreditava no que afirmava e vivia na alegre expectativa do que declarava. Exalava vitalidade, alegria e boa vontade. Ela descobriu que a comunhão diária com o Pai interior é a resposta do poder cósmico para a vida perfeita.

UMA GRANDE FESTA ESPIRITUAL

Visitei uma famosa mulher na encantadora e exótica ilha de Maui. Um grupo de pessoas ilustres estava reunido na sua casa, e discutimos as leis mentais espirituais desde mais ou menos dez horas da manhã até às quatro da tarde. Os convidados estavam familiarizados com os livros *O poder do subconsciente* e *O milagre da dinâmica da mente*. No decurso da minha vida, eu nunca tinha encontrado um grupo mais empolgado, alegre e exuberante. O coração dessas pessoas estava inflamado por uma chama divina. Eles falaram sobre como superavam os seus problemas por acreditar em um poder maior do que si mesmos ou do seu ego consciente. Aquelas pessoas organizam eventos para discutir os meus livros e ouvir as minhas gravações. Naquela ocasião ouvi perguntas que me deixaram encantado e que demonstraram incrível interesse e discernimento pelos assuntos divinos. Eles descobriram que a alegria de viver reside na contemplação regular e sistemática das verdades de Deus.

A sabedoria e alegria interior havaiana

Descobri que os havaianos são pessoas muito sábias, tendo acumulado ao longo dos séculos um vasto conhecimento do conhecimento esotérico e oral. Certo havaiano, nativo de Maui, que se sentou do meu lado no voo entre Kauai e Maui, tinha conhecimento das condições do tempo, das correntes, marés etc. Ele me disse que era capaz de prever maremotos, tempestades e erupções vulcânicas. Sabe o nome de todas as frutas, flores e árvores das ilhas e conhece as propriedades medicinais das ervas.

Esse havaiano tem a capacidade de ler a mente e é decididamente clarividente. Ele me informou para onde eu estava indo, disse o meu nome e endereço e tinha o dom da retrocognição, já que mencionou com extrema precisão muitos eventos passados da minha vida. Para testar o seu dom da clarividência, eu lhe pedi que lesse uma carta que estava no meu bolso, que eu ainda não lera por ter me esquecido completamente dela até aquele momento. Ele leu com exatidão o seu conteúdo, como pude comprovar depois.

Esse rapaz tem uma sabedoria nativa. Ele está em contato com a sua mente subconsciente, que conhece a resposta para todas as perguntas. "Sempre que quero saber alguma coisa," declarou ele, "digo simplesmente: 'Deus, você sabe. Me diga.' A resposta sempre vem, porque tenho um amigo dentro de mim." Esse homem trabalha nos campos de cana-de-açúcar, toca a ukulele [guitarra havaiana], canta enquanto trabalha e, obviamente, está em sintonia com o infinito. Ele descobriu verdadeiramente a alegria da presença divina que é a sua força.

A fórmula do milagre de sete passos

Durante a minha permanência nas ilhas, reservei um dia para estar com as pessoas que desejavam se consultar comigo no Hotel em Kauai. O meu primeiro cliente foi um homem a quem eu havia aconselhado alguns anos antes no Royal Hawaiian Hotel, em Honolulu. Naquela ocasião ele era um alcoólatra inveterado, considerado um beberrão compulsivo. Ele tinha se submetido a tratamentos medicamentosos, hipnose e outras formas de terapia. Ele disse: "Vim para lhe agradecer e só vou tomar alguns minutos do seu tempo. Você me disse que eu era senhor da garrafa e que ela não tinha nenhum poder sobre mim. Você disse ainda que eu deveria parar com todos os pretextos e desculpas e me tornar um homem de verdade. Segui a técnica que você indicou e perdoei a mim mesmo e aos outros. Hoje sou dono da minha própria loja, sou casado, faço parte da igreja local e tenho dois filhos maravilhosos. Vim apenas lhe agradecer."

Eu me lembrava muito bem da conversa que tivera com ele em Honolulu. Naquela época, ele acabara de ter alta do hospital onde fora submetido a um tratamento de alcoolismo. Eis a afirmação de sete passos que lhe prescrevi e que transformou a vida dele:

Guia para o poder do subconsciente

1. Eu me perdoo completa e livremente por abrigar ressentimento, animosidade e má vontade com aqueles ao meu redor. Sempre que penso nas outras pessoas, eu lhes desejo todas as bênçãos da vida.
2. Sou rei e senhor irrestrito dos meus pensamentos, palavras, ações, emoções e reações. Sou monarca absoluto da minha esfera conceptiva.
3. Desejo me tornar completamente livre deste hábito e estou sendo completamente sincero ao fazer esta afirmação. Eu sei que, quando o meu desejo de parar é maior que o meu desejo de continuar, já estou sessenta por cento curado.
4. Tomei a minha decisão e sei que de acordo com ela me é feito. A minha mente subconsciente sabe que sou sincero.
5. Uso agora corretamente a minha imaginação. Sei que o meu poder de imaginação é a força primordial da humanidade e a maior das minhas faculdades. Passarei um filme na minha mente três vezes por dia, durante três ou quatro minutos, no qual vejo a minha mãe me parabenizando pela minha perfeita saúde e liberdade. A alegria de todas as coisas me invade enquanto ouço a voz e sinto o abraço dela. Sempre que sofro a tentação, passo instantaneamente esse filme mental na minha mente. Sei que a minha imagem mental é respaldada pelo poder de Deus.
6. Sei o que estou fazendo e por que estou fazendo. Sei que me é feito conforme eu acredito. Sei que acreditar é aceitar algo como verdadeiro. Sei que o meu desejo é verdadeiro, a minha imagem mental é verdadeira e o poder que me respalda é de Deus. Sei que todo o poder Dele é dirigido ao ponto focal da minha atenção.
7. Agora sou livre e agradeço.

Forneci essa fórmula milagrosa de sete passos a muitos alcoólatras, vítimas do LSD e da maconha, viciados em drogas e assim por diante. Você pode superar qualquer hábito negativo seguindo esses princípios simples. Esse homem é feliz, alegre e borbulha com o vigor da vida. Compareci a um jantar na sua casa onde coqueiros conversavam ao balanço da brisa errante, as ondas do mar ondulavam nas proximidades e recuavam, deixando espuma na areia, e vívidas flores tropicais nos circundavam por todos os lados. O mamão com limão gelado era tão doce quanto o néctar dos deuses. E o *poi*, o prato básico dos havaianos, era deliciosamente temperado com noz-moscada e canela. A beleza, a serenidade e a alegria de viver estavam presentes em toda a atmosfera da casa. Ele e a sua família rezavam antes e depois do jantar para agradecer por todas as bênçãos recebidas, e a música e as canções de amor havaianas se alastravam pela casa. Eu realmente penetrara no que chamamos de poder infinito para a vida perfeita.

COMO ADQUIRIR A ALEGRIA DE VIVER

Tenho me correspondido com uma jovem dessa ilha que chamarei de Mary. Ela vem estudando o livro *O poder do subconsciente*, que lhe enviei há alguns meses. Na primeira carta que enviou para a minha casa em Beverly Hills, ela contou que estava tomada por um medo anormal e que estava com a personalidade algemada.

Ela havia rompido o compromisso com um rapaz, que na época ficou enfurecido e a informou de que um Kahuna a havia amaldiçoado. A jovem vivia com um medo constante. Escrevi para ela explicando que existe apenas um poder, e que esse poder se desloca como unidade e harmonia no mundo; que Deus é espírito, uno e indivisível; e que uma parte do espírito não poderia ser antagônica a outra parte do espírito; sendo assim, ela nada tinha a temer. Redigi uma técnica espiritual para que ela a seguisse, e essa técnica expulsaria todo o medo.

Durante a nova consulta, encontrei uma personalidade radiante, uma jovem exalando vitalidade, borbulhando de entusiasmo e alegria, empolgada com novas ideias para a ilha. Ela declarou: "Segui as suas instruções ao pé da letra e fui transformada por uma luz interior."

Eis o programa espiritual que ela executou várias vezes por dia, como sugeri na carta que lhe enviei:

Deus é tudo o que existe. Um com Deus é maioria. "Se Deus é por mim, quem poderá ser contra mim?" (Romanos 8:31) Eu sei e acredito que Deus é o Espírito Vivo Todo-Poderoso — o Imortal, o Onissapiente — e não existe poder que possa desafiar Deus. Eu sei e aceito completamente que, quando os meus pensamentos são pensamentos de Deus, o poder Dele está com os meus pensamentos do bem. Sei que não posso receber o que não sou capaz de dar, de modo que distribuo pensamentos de amor, paz, luz e boa vontade para o meu ex-namorado e todos os que estão ligados a ele. Estou imunizada e inebriada por Deus, e estou sempre cercada pelo círculo sagrado do amor de Deus. Toda a blindagem de Deus me circunda e me envolve. Sou divinamente guiada e orientada, e penetro na alegria de viver. "Na tua presença há abundância de alegrias; na tua mão direita há prazeres eternos" (Salmos 16:11).

A prática da jovem envolvia repetir essas verdades de maneira regular e sistemática durante cerca de dez minutos pela manhã, à tarde e à noite, sabendo, acreditando e compreendendo que, à medida que afirmasse essas verdades, elas gradualmente penetrariam na sua mente subconsciente por meio do processo da osmose espiritual e se manifestariam como liberdade, paz interior, sensação de segurança, confiança e proteção. Mary sabia que estava aplicando uma lei mental que nunca falha. Em dez dias, todo o medo desapareceu. Ela tem agora um cargo maravilhoso na ilha e me apresentou ao seu novo noivo, que declarou: "Mary é a alegria da minha vida." Aquela jovem, que ficara praticamente petrificada pelo medo de um suposto feitiço, está agora extravasando generosidade, doando os seus talentos, tendo penetrado na alegria de viver.

O significado de "Kahuna"

A maioria do povo havaiano, aqui e nas outras ilhas, afirma que não existem mais Kahunas, e quase todos os havaianos se mostram relutantes em falar a respeito deles. Existe, no entanto, o tipo chamado de Kahuna branco, que significa um homem que pratica a magia branca, ou faz feitiços bons por meio de encantamentos e do conhecimento esotérico. Um dos meus guias havaianos me explicou que esses Kahunas eram treinados desde a infância pelos mais velhos, que os submetiam ao sigilo e a uma rígida disciplina. Muitos deles são altamente respeitados pelos seus poderes de cura por intermédio do que hoje chamaríamos de conhecimento da mente subconsciente. Eles também conhecem as propriedades curativas de determinadas ervas e plantas. O meu guia, que parecia mais disposto do que outros a discutir o assunto, ressaltou que alguns dos Kahunas são muito temidos como *Kahuna anaanas* (ou seja, aqueles que lidam com a morte ou ocultismo).

A jovem que mencionei há pouco descobriu que as ameaças, sugestões negativas e declarações das outras pessoas não têm absolutamente nenhum poder de criar as coisas que elas sugerem. Você é o único pensador no seu universo. É o seu pensamento que é criativo. Pense em coisas boas e o bem acontecerá; pense em coisas ruins e o mal ocorrerá. Junte-se a Deus. Quando os seus pensamentos são os pensamentos de Deus, o poder de Deus está com os seus pensamentos do bem. Lembre-se de que "Um com Deus é maioria" e de que, "Se Deus é por mim, quem poderá ser contra mim?" (Romanos 8:31).

11 Atraia o poder infinito para o seu lado

Um dos segredos do entendimento da vida é compreender que tudo se apresenta em duplas. Toda ação consiste no entrelaçamento de opostos. A combinação das energias vitais masculinas e femininas criou o universo. Emerson declarou certa vez: "Encontramos a polaridade, ou ação e reação, em toda parte da natureza." Temos o espírito e a matéria, o masculino e o feminino, o positivo e o negativo, a doença e a saúde, o amor e o ódio, a noite e o dia, o calor e o frio, dentro e fora, o doce e o amargo, em cima e embaixo, o norte e o sul, o subjetivo e o objetivo, o movimento e o repouso, o sim e o não, o sucesso e o fracasso, a tristeza e a felicidade, e assim por diante. O espírito e a matéria são apenas aspectos da realidade única. A matéria é o espírito reduzido ao ponto da visibilidade. A matéria é o grau mais baixo do espírito e o espírito é o grau mais elevado da matéria. Esses opostos na vida são manifestações do ser único e são necessários para que possamos vivenciar a vida.

No estado absoluto não existe distinção, contraste ou um relacionamento estabelecido. Ele subsiste em estado de unicidade. Quando o absoluto se tornou relativo (ou seja, quando Deus criou o universo), Ele criou os opostos para que pudéssemos vivenciar a sensação, a função e a percepção de estar vivos. Precisamos ter sentimento e sensibilidade a fim de ter consciência de estarmos vivos. Sabemos, por comparação, a diferença entre calor e frio, altura e profundidade, comprimento e largura, doce e amargo, depressão e euforia, masculino e feminino, e subjetivo e objetivo. Todos esses opostos são metades do ser único que é completo, perfeito e indivisível.

COMO OS PENSAMENTOS SE APRESENTAM EM DUPLAS

Um menino de 12 anos, que ouve de manhã o meu programa de rádio, disse à mãe que nas férias da escola iria visitar o seu tio na Austrália. A sua ideia de ir era muito intensa, mas ele tinha outro pensamento que dizia: "Mamãe não vai deixar que eu vá." De fato, a sua mãe replicou: "É impossível. Não temos o dinheiro necessário e o seu pai não tem condições de pagar a viagem. Você está sonhando."

No entanto, o menino disse que ouvira no meu programa que, se desejássemos fazer uma coisa e acreditássemos que a inteligência criativa dentro de nós tornaria esse desejo realidade, a nossa prece seria atendida. A mãe então disse: "Vá em frente e reze." O menino, que estivera lendo amplamente a respeito da Austrália e da Nova Zelândia, tinha um tio na Austrália que era dono de uma grande fazenda.

Ele rezou da seguinte maneira: "Deus abre o caminho para que o Papai, a Mamãe e eu possamos ir à Austrália durante as férias. Acredito nisso e Deus assume o controle agora." Sempre que o pensamento de que os seus pais não tinham o dinheiro necessário vinha à sua cabeça, ele afirmava: "Deus abre o caminho." Os seus pensamentos surgiam em duplas, mas ele prestava atenção ao pensamento construtivo e o pensamento negativo desaparecia.

Como ele viajou no plano astral

Certa noite, o menino teve um sonho no qual de repente se viu na fazenda do tio, em Nova Gales do Sul, contemplando milhares de carneiros e conhecendo o tio e os primos. Ao acordar na manhã seguinte, ele descreveu a cena para a mãe, o que a deixou assombrada. Nesse mesmo dia, receberam um telegrama do tio convidando os três para visitar a sua fazenda e dizendo que pagaria as despesas da viagem de ida e volta da família. Eles aceitaram o convite.

O intenso desejo do menino de visitar o tio agiu sobre a sua mente subconsciente como uma ordem enquanto ele dormia, de modo que, usando o seu corpo quadridimensional, ele viajou no corpo astral até a fazenda. O menino me contou que o que observou quando chegou ao lugar com os pais coincidiu exatamente com o que vira na projeção astral enquanto dormia. Desse modo, foi feito a ele conforme ele acreditava.

COMO O MEDO DE UM SEGUNDO CASAMENTO FOI DESTRUÍDO

Certa jovem me disse o seguinte: "Desejo me casar, mas sempre que penso nisso tenho medo de atrair o homem errado e repetir o mesmo erro que cometi no meu casamento anterior." O medo era uma força que entrava em conflito com o seu desejo, e o pensamento do medo parecia ser dominante. Expliquei a ela que tudo vem em duplas. Por exemplo, se pensamos na saúde, a ideia da doença nos vem à cabeça; se pensamos na riqueza, o pensamento da pobreza nos ocorre; se falamos do bom coração, pensamos no mau coração; e assim por diante.

Expliquei a ela que a maneira de superar o pensamento negativo era afastar completamente a atenção da ideia do medo e elevar a mente acima da oposição, contemplando a alegre realização do seu casamento com o homem certo.

A técnica usada para a alegre realização

Sugeri a seguinte afirmação:

> Eu sei que existe um único poder onipotente, que não conhece oposição. Nada pode confrontá-lo, desafiá-lo ou corrompê-lo. Ele é invulnerável e invencível, e decreto agora que atraio o homem certo, que combina comigo do ponto de vista espiritual, mental e físico. Dedico a minha irrestrita atenção a essa ideia, segura de que a lei do meu subconsciente a tornará realidade.

Quando o pensamento do medo lhe passava pela cabeça, ela afirmava: "Deus está cuidando do meu pedido." Depois de alguns dias, o pensamento do medo perdeu todo o ímpeto e se extinguiu. Ela tornou o seu ideal vivo alimentando-o e nutrindo-o mentalmente com fé e confiança.

Como ela encontrou o corpo quadridimensional (astral) do seu futuro marido

Todas as noites, quando adormece, você vai para a outra dimensão da vida, a *quarta dimensão*, que permeia este plano. Pouco depois de iniciar a técnica da afirmação, essa jovem teve um sonho intenso no qual eu estava oficiando a cerimônia do seu casamento na minha casa. Ela viu o futuro marido, me ouviu pronunciar o nome dele e lhe pedir para repetir os votos da cerimônia do casamento. Tudo foi muito nítido e real. Ela sentiu que estava na minha casa e tocou na estátua do Buda, bem como nos quadros pendurados nas paredes.

Ao acordar, ela me telefonou imensamente alegre e feliz, contando o que lhe acontecera durante o sono. Ela descreveu nos mínimos detalhes a sala onde oficio as cerimônias de casamento. Eu lhe expliquei que, enquanto dormia, ela tinha se deslocado até a minha casa no corpo quadridimensional (astral), o qual é repleto de elétrons, rarefeito e atenuado, vibra a uma tremenda velocidade e é capaz de penetrar paredes. Ressaltei que, sem dúvida, o casamento já tinha acontecido na dimensão seguinte da mente e que a convicção e a conscientização interior dela o tornariam realidade.

O toque final da sua viagem astral

Essa jovem, que trabalha como secretária em uma grande empresa, foi convidada pela esposa de um dos executivos da companhia para uma reunião na sua casa. A anfitriã a apresentou ao seu filho, que era exatamente o homem que ela vira no sonho! Ele disse a ela: "Já nos vimos antes", e passou então a lhe narrar o sonho que tivera sobre a cerimônia de casamento sendo oficiada por um pastor desconhecido em uma residência particular, que ele também nunca tinha visto antes. Eles tinham tido sonhos idênticos, e posteriormente o autor deste livro oficiou a cerimônia de casamento deles, que coincidiu em todos os detalhes com aquela experiência quadridimensional combinada.

A minha explicação é que essa jovem, pensando com interesse no tipo de homem com quem desejava se casar, registrou a ideia na sua mente subconsciente, a qual, por sua vez, dramatizou o conteúdo em um ensaio quadridimensional, já que tudo o que ocorre objetivamente precisa primeiro acontecer subjetivamente. A inteligência infinita da mente subconsciente dela os reuniu tanto quadridimensionalmente quanto tridimensionalmente.

POR QUE VOCÊ É O SEU PRÓPRIO LEGISLADOR

Os seus pensamentos, concepções e opiniões habituais evocam certas emoções que afetam a mente subconsciente e você, automaticamente, repete esses padrões na sua experiência de vida como um autômato ou algum tipo de robô mecânico. A lei da sua mente trabalha de tal forma que o que quer que você grave na mente subconsciente se manifesta como experiências, condições e eventos na sua vida. Os seus pensamentos (bons ou maus) são a caneta mental com a qual você está constantemente escrevendo na mente mais profunda, chamada de livro da vida. É por isso que você está criando leis, regras e regulamentos para si mesmo. Por conhecer essa lei, você passará a escrever na sua mente pensamentos de sucesso, felicidade, paz, harmonia, abundância, ação correta e proteção, avançando assim em direção a uma vida plena e feliz.

COMO UM VENDEDOR SE LIVROU DO "MAU-OLHADO"

Certo vendedor se queixou para mim de que não conseguira fazer uma única venda em quatro dias consecutivos e que tinha certeza de que alguma influência malévola estava contra ele. Afinal, todas as vezes que ligava para um cliente, este dizia "Não tenho nenhum pedido hoje" ou "Não posso recebê-lo hoje."

Esse vendedor ficou muito zangado consigo mesmo, e disse: "Estou perdendo o jeito; as cartas estão marcadas contra mim; sou um fracasso." Essas declarações carregadas de medo se alojaram na sua mente subconsciente. A última delas, uma lei impessoal, respondeu com um movimento automático confirmando os seus receios e crenças interiores no mundo exterior. Em outras palavras, ele decretou uma reação mecânica da sua mente subconsciente em direção ao derrotismo e ao fracasso, acompanhada pela autocrítica e autocondenação.

Como ele encontrou a vitória dentro de si mesmo

O conselho que dei a ele foi que o primeiro passo na recuperação do sucesso e da boa sorte era interromper completamente toda a autocrítica, procurar a presença de Deus dentro de si e escolher a orientação divina, a ação correta, a harmonia e a abundância. Expliquei que ele possuía a capacidade de idealizar e imaginar sistematicamente o sucesso, a realização e a vitória; se ele utilizasse esse dom, a sua mente mais profunda responderia de forma correspondente. Ele começou a entender com mais clareza que os seus pensamentos e imagens podiam modificar a sua condição, experiência e sensações.

Esse vendedor reverteu a maré que estava indo contra ele ao compreender e aplicar a seguinte afirmação:

> A partir deste momento, espero apenas o melhor, e sei que, invariavelmente, o melhor virá para mim. Sei que a boa sorte aparece para mim de numerosas maneiras. Sempre que eu me sentir inclinado a me condenar ou depreciar, afirmarei de imediato: "Exalto Deus que está em mim e que está me guiando e zelando por mim em todos os meus caminhos." Eu sei que a minha verdadeira natureza é divina, que Deus vive dentro de mim e está tornando todos os meus caminhos mais prósperos. Decreto sucesso, abundância e realizações. O amor divino segue diante de mim em todos os meus caminhos, e estou prosperando além dos meus sonhos mais ambiciosos.

O vendedor recondicionou a mente repetindo com frequência essas verdades e voltou à velha forma com uma capacidade maior de servir, aumentar as suas vendas e incrementar a boa sorte.

O CASO DO ESTUDANTE DE MEDICINA APAVORADO

Eis parte de uma carta que recebi de um estudante de medicina. Ele escreveu o seguinte: "Estou quase perdendo a cabeça. Detesto um dos meus professores. Estou morrendo de medo de que ele vá me reprovar e, se isso acontecer, os meus pais nunca vão me perdoar. Sinto desprezo por mim mesmo. Sou deprimido e introspectivo. Tenho receio de explodir com o professor, e se eu fizer isso estarei acabado. O medo está me deixando transtornado."

Pedi a ele que viesse me ver, já que uma consulta pessoal é sempre mais produtiva que uma longa dissertação por carta. Ao conversar com ele, descobri que esse jovem estudante de medicina achava que deveria ser reprovado. O seu medo me revelou que, de modo inconsciente, ele sentia interiormente que deveria ser punido e que o professor deveria reprová-lo porque ele era simplesmente inútil e incompetente. Ele admitiu que tudo isso era verdade. Na realidade, ele estava projetando o seu medo e autocondenação no professor, nos pais e até mesmo na universidade, ao mesmo tempo que, bem no fundo, estava dizendo para si mesmo: "Eu deveria ser reprovado."

O motivo básico da sua frustração

Por que esse jovem queria ser médico e, ao mesmo tempo, bem no fundo, também queria ser reprovado no exame? Ele foi criado em um lar com um pai tirânico e despótico. Os seus pais brigavam constantemente. O pai definia padrões excessivamente elevados para ele em todas as áreas, inclusive a acadêmica, e o rapaz, que não conseguia se mostrar à altura dos padrões do pai; sentia que era inútil, incompetente e um fracasso total. Quando menino, ele se desprezava e se sentia "rejeitado". A autocomiseração e a autopunição foram as suas atitudes dominantes na infância, e, como adulto, ele *repetia continuamente* esse sentimento de rejeição e repúdio. Quando um dos professores criticava o seu trabalho, ele recuava mentalmente às antigas mágoas e aos traumas psíquicos ou pensamentos aflitivos da infância, sentindo que era inútil e incompetente e que deveria ser punido; por esse motivo, ele agora estava determinado a se magoar e destruir quatro anos de estudos de medicina.

Depois de obter conhecimento sobre si mesmo e compreender que frequentemente projetamos externamente os nossos medos, animosidades e a autocondenação nas outras pessoas, no ambiente e em forças invisíveis, ele de repente despertou para os terríveis resultados de dizer "Sou inútil; sou incompetente; sou um fracasso; eu deveria ser punido; sou uma desgraça; eu deveria simplesmente desaparecer." Ele compreendeu que todas essas negativas eram comandos para a sua mente subconsciente, que reagia de forma correspondente. Se ele dissesse que era inútil e incompetente, o seu subconsciente tomaria medidas para que ele fosse incompetente no exame, no relacionamento com as pessoas, nos estudos e no contato com o mundo em geral. Além disso, ele possivelmente atrairia acidentes, perdas e o fracasso em todas as áreas.

A cura que libera

Por ter treinamento médico, depois de refletir, ele percebeu de imediato a causa do seu distúrbio, e começou a fazer corajosamente a seguinte afirmação:

A presença de Deus é a minha verdadeira natureza. Essa presença é total bem-aventurança, total harmonia, total alegria, indivisível, perfeita, completa, intemporal, eterna e onipotente. Este é o meu verdadeiro eu, que é sempre o mesmo de ontem, de hoje e de sempre. Este é o *Eu sou* dentro de mim — o princípio vital, o poder supremo e soberano, criador de todas as coisas visíveis e invisíveis.

O meu outro eu — a minha personalidade — se baseia no meu treinamento, doutrinação e condicionamento iniciais, como o pensamento e convicções dos meus pais, parentes, professores e de outras pessoas que implantaram medos, superstições e outras falsas crenças na minha mente quando eu era jovem demais para rejeitá-los. Posso mudar essa personalidade. É o que estou fazendo neste momento e continuarei a fornecer à minha mente subconsciente padrões revigorantes de pensamento e de imagens ao afirmar:

O amor de Deus ocupa o meu subconsciente destruindo todos os padrões de medo. O rio da paz de Deus inunda a minha mente. Estou pleno de fé e confiança na bondade divina, sei que Deus está me guiando em todos os caminhos e a ação correta divina me governa. Irradio amor e boa vontade para os meus professores e todos os que me cercam. Ao entrar em sintonia com o oceano infinito de amor, poder e beleza, sei que sou purificado e me renovo. Deus me ama e se importa comigo, e, à medida que me aproximo Dele, Ele se aproxima de mim.

O jovem voltou para a faculdade como um homem novo e transformado, escrevendo depois uma carta encantadora: "Conheço agora o significado de 'A luz dissipa a escuridão', e sei o que acontece nas palavras-cruzadas quando a resposta é conhecida. Uso regularmente a afirmação. Sou um novo homem."

Esse médico inexperiente poderia ter acrescentado o que acontece às concentrações venenosas de autocomiseração, autonegação e autopunição do subconsciente quando deixamos entrar o oceano infinito de amor, luz, verdade e beleza na corrente poluída da mente. Esta é purificada e renovada.

Ele descobriu duas naturezas dentro de si — o homem natural (o homem de cinco sentidos), geralmente condicionado pela hereditariedade, pelo ambiente e por falsas crenças teológicas, e o homem espiritual, que significa a presença de Deus, chamada de *Eu sou* na Bíblia, que quer dizer o ser puro, o princípio vital. Ele exaltou os poderes espirituais dentro de si e entrou mentalmente em sintonia com eles, levando essas forças divinas a governar os seus pensamentos, sentimentos, convicções, ações e reações. A antiga personalidade então morreu e nasceu o novo homem em Deus.

Os pensamentos vêm em pares. Os pensamentos agressivos da pessoa de cinco sentidos ou material precisam ser destruídos, e o pensamento de Deus precisa ser ressuscitado e viver em você. "E eu, quando for levantado da terra, atrairei todos os homens para mim" (João 12:32).

12 Recarregue as suas baterias mentais e espirituais

Tive há algum tempo uma conversa com um empresário, que finalmente me perguntou: "Como posso ter a mente tranquila em um mundo tão agitado e confuso? Eu sei que dizem que 'A mente tranquila executa as coisas'. Estou confuso e perturbado, e a propaganda nos jornais, no rádio e na televisão está quase me levando à loucura."

Eu disse a ele que tentaria lançar luz sobre o seu problema; prescreveria um medicamento espiritual, que aliviaria o seu medo e ansiedade; e concederia a ele a mente tranquila que executa as coisas. Ressaltei que, se os seus pensamentos girassem pela manhã, à tarde e à noite em torno da guerra, do crime, da doença, de acidentes e da fatalidade, ele geraria uma sobrecarga de depressão, ansiedade e medo. Se, por outro lado, ele dedicasse algum tempo e atenção às leis e princípios eternos que governam o cosmo e toda a vida, ele seria automaticamente elevado a uma atmosfera mental de serenidade e segurança interior.

O medicamento espiritual

Como resultado, esse homem passou a ocupar a mente três vezes por dia com as seguintes verdades:

"Os céus declaram a glória de Deus; e o firmamento revela a sua obra" (Salmos 19:1). Eu sei que uma inteligência suprema governa os planetas nas suas trajetórias e controla e dirige todo o universo. Sei que existe uma lei e ordem divinas que operam com absoluta segurança criando o mundo inteiro, fazendo com que as estrelas apareçam todas as noites no céu e regulando as galáxias no espaço; e Deus governa o universo. Eu me desloco mentalmente para a quietude da minha mente e contemplo estas eternas verdades de Deus:

Conservarás em perfeita paz aquele cuja mente se apoia em ti: porque ele confia em ti (Isaías 26:3).

Deixo-vos a paz, a minha paz vos dou: não a dou como o mundo dá. Não deixeis que o vosso coração se perturbe, e nem que se atemorize (João 14:27).

Porque Deus não é o autor da confusão, e sim da paz... (I Coríntios 14:33)

E que a paz de Deus domine em vossos corações... (Colossenses 3:15).

Ele se concentrou nas coisas importantes da vida

Aquele empresário voltou as costas para os incidentes e preocupações do dia a dia e deu atenção aos grandes princípios e verdades da vida, contemplando-os e focalizando a atenção neles. Ele se esqueceu das pequenas coisas e começou a pensar nas grandes, nas maravilhosas e nas boas. Ao dar as costas para as provações e dificuldades do mundo, recusando-se a descrevê-las ou até mesmo a falar sobre elas, a sua ansiedade e preocupação diminuíram e ele desenvolveu uma mente tranquila em um mundo turbulento. Ele decidiu deixar a paz de Deus governar o seu coração. Em consequência, o seu negócio passou a funcionar muito mais harmoniosamente devido às decisões bem melhores que ele agora era capaz de tomar.

COMO UMA MÃE SUPEROU UM "DISTÚRBIO DO CORAÇÃO"

Uma jovem dona de casa sofria de insônia e de uma persistente palpitação no coração. Ela estava certa de que tinha um distúrbio cardíaco. Estava deprimida e constantemente dava vazão à raiva, à impaciência e à hostilidade com o marido e os filhos. As manchetes dos jornais a irritavam profundamente, e ela escrevia cartas críticas e agressivas para os seus representantes no congresso. Eu a encaminhei para um cardiologista. Este declarou que não havia nada organicamente errado com a mulher, mas que ela estava repleta de conflitos emocionais e com raiva do mundo.

Expliquei a ela que a raiva e a confusão emocional direcionada à sua família e outras pessoas se dissolveriam quando ela começasse a praticar um padrão de afirmação e que, à medida que se sintonizasse com a presença e o poder infinitos, descobriria que seria permeada e saturada de ordem, harmonia, amor e calma com os quais entraria em contato no seu período de tranquila contemplação das coisas divinas. Expliquei adicionalmente que ela poderia então esperar uma resposta automática da sua mente mais profunda que a tornaria equilibrada, calma e serena; além disso, teria o sentimento de boa vontade. Enfatizei que a mulher deveria parar completamente de falar a respeito dos seus incômodos, das suas preocupações e ansiedades a respeito da situação do mundo, porque isso apenas intensificaria os seus problemas interiores e pioraria o seu estado, afinal a mente sempre amplia aquilo que observa.

Uma técnica para o equilíbrio e a calma interior

Aquela mulher se concentrou nos seguintes versículos revigorantes que redigi para ela:

> Não te ordenei? Sê forte e corajoso; não tenhas medo e nem te assombres, porque o Senhor, teu Deus, está contigo aonde quer que vás (Josué 1:9).

> E sabemos que todas as coisas contribuem em conjunto para o bem daqueles que amam a Deus... (Romanos 8:28).

> Lançando todo o vosso cuidado sobre Ele, porque Ele se importa convosco (I Pedro 5:7).

> O Senhor é o meu pastor; nada me faltará. Ele me faz deitar em verdes pastos, conduz-me a águas tranquilas. (...) Preparas uma mesa diante de mim na presença dos meus inimigos, unges a minha cabeça com óleo, o meu cálice transborda. Certamente a bondade e a misericórdia me seguirão todos os dias da minha vida: e residirei eternamente na casa do Senhor (Salmos 23:1-2,5-6).

Focalizando a atenção nesse alimento espiritual, ela rapidamente encontrou a paz que ultrapassa o entendimento.

COMO MANTER A MENTE SERENA

Muitos empresários e profissionais liberais de diferentes convicções religiosas, ao conversar comigo, me informaram que participam regular e periodicamente de retiros da igreja onde ouvem palestras sobre Deus, afirmações e sobre a arte da meditação, e depois ingressam em um período de silêncio. Depois da meditação matutina, recebem instruções para contemplar o que ouviram e permanecer em silêncio por vários dias, inclusive no horário das refeições. Durante esse período, eles devem se concentrar com calma e tranquilidade nas instruções e meditações apresentadas a cada manhã.

Todos me disseram que regressam espiritual e mentalmente renovados, revigorados e fortalecidos. Ao voltar para o escritório, para a fábrica e para a vida profissional, eles continuam a manter períodos de silêncio durante quinze ou vinte minutos por dia, de manhã e à noite, e constataram que o que a Bíblia diz é verdade: "A paz de Deus, que excede todo o entendimento, guardará os vossos corações e as vossas mentes..." (Filipenses 4:7).

Os benefícios de recarregar as baterias mentais e espirituais

Depois de ter recarregado espiritualmente as suas baterias mentais e espirituais, esses profissionais são capazes de enfrentar com decisão os problemas, a agitação, as aflições e as controvérsias do dia a dia e de lidar com elas com fé, coragem e confiança. Eles sabem onde receber o poder espiritual renovado — sintonizando-se tranquilamente, como diz Emerson, com o infinito, que descansa estendido em um repouso sorridente. A energia, o poder, a inspiração, a orientação e a sabedoria procedem do silêncio e da quietude da mente quando em sintonia com Deus. Esses profissionais aprenderam a relaxar e desistir do seu orgulho egoísta. Reconheceram, respeitaram e invocaram uma sabedoria e um poder que criaram todas as coisas visíveis e invisíveis e que governam todas as coisas de maneira incessante, intemporal e eterna. Decidiram seguir o caminho da sabedoria. "Os seus caminhos são caminhos de afabilidade, e todas as suas veredas são de paz" (Provérbios 3:17).

A MENTE TRANQUILA ESTÁ AO SEU ALCANCE

Se eu lhe oferecer um livro de presente, você precisa estender a mão para recebê-lo. Do mesmo modo, como todas as riquezas de Deus estão dentro de você, você precisa fazer algum esforço para pleiteá-las. Deus é o doador e a dádiva, mas você é aquele que recebe. Abra a mente e o coração e deixe entrar o rio da paz de Deus. Deixe que ele encha a sua mente e o seu coração, porque Deus é paz.

Contemple os seguintes versículos do Salmo 8 e você encontrará um rio profundo de vida, amor, quietude e serenidade que se infiltra nas regiões áridas da sua mente levando repouso à alma perturbada:

> Quando contemplo os teus céus, obra dos teus dedos, a lua e as estrelas que ordenaste; o que é o homem para que tenhas consciência dele? E o filho do homem, para que o visites? Porque o fizeste um pouco inferior aos anjos e o coroaste com glória e honra. Fizeste com que ele tivesse domínio sobre as obras das tuas mãos; puseste todas as coisas debaixo dos seus pés (Salmos 8:3-6).

Meditar sobre as verdades eternas contidas neste Salmo e sobre a natureza imensurável do universo ao qual pertencemos, a mente infinita e a inteligência infinita, que nos criou e que nos inspira e respalda, e que se move de maneira rítmica, harmoniosa, incessante, imutável e com precisão matemática, lhe confere fé, confiança, força e segurança. Saiba que você tem, como diz o salmista, domínio sobre os seus pensamentos, sentimentos, ações e reações na vida. Isso o impregna de autoestima e de um sentimento de mérito e poder, que lhe dá força para fazer o seu trabalho, viver com alegria e caminhar na Terra com o louvor a Deus sempre nos lábios.

COMO É POSSÍVEL ACALMAR O CONFLITO INTERIOR

Certo dia, em Beverly Hills, um homem me reconheceu e me parou na rua, dizendo que estava terrivelmente perturbado. Ele perguntou: "Você acha que posso conseguir aquietar a minha mente? Estou em guerra comigo mesmo há mais de dois meses." Um conflito estava se alastrando dentro dele. Ele estava repleto de medo, dúvidas, ódio e intolerância. Estava furioso porque a sua filha se casara com um homem de outra religião, acrescentando que detestava o marido dela. Não estava falando com o filho porque este ingressara nas forças armadas e ele (o pai) fazia parte de uma cruzada da paz. E, além disso tudo, a sua mulher estava dando entrada em um pedido de divórcio.

    Não pude dedicar muito tempo a ele naquela esquina, mas eu lhe disse de maneira resumida que ele deveria estar encantado com o fato de a filha ter se casado com o homem dos sonhos dela, já que, se eles se amavam, certamente deveriam se casar. O amor não conhece nenhum credo, raça, dogma ou cor. O amor é Deus, e Deus é impessoal e não discrimina pessoas. Com relação ao filho, sugeri que ele escrevesse para o jovem e lhe dissesse o quanto o amava e que rezasse por ele. Disse ainda que ele deveria respeitar a decisão do rapaz e não interferir na vida dele a não ser para lhe desejar todas as bênçãos da vida. Por último, mencionei que percebi durante a nossa conversa que o bate-boca e as brigas do seu casamento eram provavelmente causados por um conflito não resolvido na infância com a sua mãe e que ele esperava que a esposa fosse uma substituta dela.

Escrevi em um pedaço de papel as seguintes verdades perenes e o entreguei a ele para que as lesse e digerisse: "Conservarás em perfeita paz aquele cuja mente se apoia em Ti, porque ele confia em Ti." Insisti que ele mantivesse a mente focada em Deus com confiança, fé e certeza, e que ele iria então sentir o rio da vida, o amor e a quietude interior impregnando o seu coração. Acrescentei que, sempre que pensasse em qualquer pessoa da sua família, ele deveria dizer: "A paz de Deus invade a minha alma; a paz de Deus invade a alma dele ou dela."

Como essa cura aconteceu

Alguns dias depois, recebi um bilhete desse homem: "A vida era um inferno para mim. Eu detestava abrir os olhos de manhã. Tomava Fenobarbital todas as noites para poder dormir. No entanto, depois que nos despedimos naquela esquina, entreguei a mim mesmo e a minha família a Deus e afirmei constantemente: 'Deus me manterá em perfeita paz, porque a minha mente se apoia Nele.' A mudança que ocorreu em mim foi inacreditável. A vida se tornou incrivelmente alegre e maravilhosa.

A minha mulher cancelou a ação de divórcio e nós estamos juntos novamente. Escrevi cartas para a minha filha, para o meu genro e para o meu filho, e a paz, a harmonia e o entendimento reinam agora entre nós."

Tudo o que aquele homem fez foi expulsar o ódio e o ressentimento do seu coração. Ao se entregar ao rio dourado da paz interior, este começou a fluir em resposta a ele, e todas as peças se encaixaram na ordem divina.

COMO UMA "VÍTIMA DAS CIRCUNSTÂNCIAS" DEIXOU DE SER VÍTIMA

No verão, tive o prazer de conduzir um seminário perto de Denver, no Colorado. Quando eu estava lá, um homem se consultou comigo e me disse o seguinte: "Estou confinado, frustrado, infeliz e todos os meus caminhos estão bloqueados. Quero vender a minha fazenda e ir embora, mas me sinto como se estivesse na prisão — simplesmente imobilizado."

"Bem", respondi, "se eu o hipnotizasse agora, você acreditaria ser o que quer que eu sugerisse que você era, porque a sua mente consciente, que raciocina, julga e avalia, estaria suspensa e a mente subconsciente, por ser neutra, aceitaria qualquer sugestão que lhe fosse apresentada. Se eu sugerisse que você era um guia índio e que deveria localizar um criminoso, você iria furtivamente procurá-lo nas montanhas.

"Se eu dissesse que você estava na prisão e que não poderia sair, você se sentiria um prisioneiro e acreditaria estar na cadeia, cercado de paredes e barras de aço. Seguindo a minha sugestão, você faria um esforço frenético para escapar. Tentaria pular sobre as paredes, procuraria as chaves e tentaria fugir; você faria o possível e o impossível para sair do cárcere. No entanto, o tempo todo você está aqui, nos espaços abertos do Colorado, livre como o vento. Tudo isso se deve à receptividade do subconsciente às sugestões, as quais ele religiosamente executa.

Da mesma forma, você sugeriu à sua mente subconsciente que não consegue vender a fazenda, que é um prisioneiro aqui, que não pode ir para Denver fazer o que quer fazer, que está cheio de dívidas e que todos os seus caminhos estão bloqueados. A sua mente subconsciente não tem alternativa senão aceitar as sugestões que você dá a ela, já que ela não presta atenção a nada além daquilo que você inculca nela.

"Na verdade, você encantou e hipnotizou a si mesmo. O seu cativeiro e restrições são autoimpostos, e você está sofrendo e vivendo um contínuo conflito mental por causa das suas falsas opiniões e convicções."

Como ele aprendeu a pensar da maneira certa

Sugeri que ele seguisse as seguintes verdades milenares: "Transformai-vos pela renovação da vossa mente. Arrependei-vos, porque o reino dos céus está próximo." Arrepender-se significa pensar novamente — pensar a partir do ponto de vista dos princípios básicos e das verdades eternas. Recomendei ao homem que se erguesse com coragem e afirmasse o seu sucesso, porque, como declarou Shakespeare, "Todas as coisas estão prontas se a mente também estiver."

A "prescrição" que o resgatou

Acrescentei que ele precisava organizar e preparar a mente para receber os seus benefícios agora, porque o reino da harmonia, saúde, paz, orientação, abundância e segurança está próximo, esperando apenas que ele aceite e receba agora a sua prosperidade. Eu lhe sugeri especificamente a seguinte afirmação:

> A minha mente está agora interessada, absorvida e fascinada pelas verdades eternas e imutáveis de Deus. Tranquilizo a minha mente e contemplo a grande verdade de que Deus reside, caminha e fala em mim. Tranquilizo a atividade da minha mente e sei que Deus vive em mim. Esta é a minha convicção, e eu acredito nisso. "Apraz ao Pai dar-me o reino." "Entrega o teu caminho ao Senhor; confia Nele, e ele o concretizará."
>
> A inteligência infinita atrai o comprador que deseja a minha fazenda, ele prospera nela, ocorre uma permuta divina e ambos somos abençoados. Ele é o comprador certo, o preço está correto, e as correntes mais profundas da minha mente subconsciente nos reúnem na ordem divina. Eu sei que "todas as coisas estarão prontas se a mente também estiver". Quando pensamentos de preocupação me vierem à cabeça, afirmarei imediatamente: "Nenhuma dessas coisas me afeta." Sei que estou recondicionando a minha mente ao silêncio, ao relaxamento, à tranquilidade e à imperturbabilidade. Estou criando um novo mundo de liberdade, abundância e segurança para mim mesmo.

Algumas semanas depois, recebi um telefonema desse fazendeiro que me disse que tinha vendido a fazenda e que, portanto, estava livre para ir para Denver. Ele não era mais prisioneiro da sua mente. Ele ainda me disse o seguinte: "Compreendi que, em virtude do meu modo de pensar negativo, eu havia me colocado em uma prisão de escassez, limitações e restrições e que, na verdade, eu hipnotizara a mim mesmo."

Esse homem descobriu que os seus pensamentos eram criativos e que toda a sua frustração era causada pelas sugestões dos outros, que ele aceitava, embora pudesse tê-las rejeitado, e que os eventos, circunstâncias e condições não eram causativos. Eles sugeriam medos e limitações que ele tolerara em vez de rejeitar inteiramente, compreendendo que o pensamento retilíneo era a única causa e poder no seu mundo. A afirmação que repetia lhe conferiu o poder de pensar construtivamente e demonstrou para ele a sua capacidade de escolher sabiamente a partir dos princípios universais.

Quando você se vir ameaçado pela ansiedade, preocupação ou medo, mantenha o equilíbrio interior e afirme: "Elevarei os olhos para os montes de onde vem a minha força." Além disso, anuncie firmemente para si mesmo: "Nenhuma dessas coisas me afeta" (Atos 20:24).

13 Use o poder infinito para guiá-lo de todas as maneiras

O princípio da orientação divina opera em você e em todo o universo. Ao usar a inteligência infinita dentro de você, você pode atrair muitas experiências e acontecimentos maravilhosos que suplantam os seus sonhos mais ambiciosos. Este capítulo lhe revelará os princípios da orientação de várias maneiras, possibilitando que você possa aplicá-los para atrair todos os tipos de bênçãos para a sua vida.

COMO UMA MULHER ATRAIU O PARCEIRO ADEQUADO

Uma jovem secretária, que por duas vezes havia se casado com o homem errado, me disse o seguinte: "Não quero cometer um terceiro erro. Eu sei que o meu erro, nas duas vezes, foi ter julgado em função das aparências, e não sei como aplicar o princípio da orientação na minha vida. Por favor, verifique se a minha afirmação atual está correta." Esta era a sua afirmação:

> A inteligência infinita interior atrai para mim o marido adequado. Ele é harmonioso, muito agradável, cordial e espiritualizado.

Contribuo para a sua alegria e felicidade, e a harmonia, a paz e o entendimento reinam entre nós. Decididamente acredito que a inteligência infinita responde aos meus pensamentos e sei que ela não comete erros. Espero e acredito definitiva e positivamente que vou encontrar o parceiro adequado. Sei que o princípio está operando agora e caminho na Terra à luz dessa certeza.

Elogiei a afirmação que ela escrevera e a inteligência e sabedoria demonstradas na aplicação dos poderes existentes dentro dela. O princípio da orientação divina pôs-se a trabalhar para a jovem e ela atraiu um homem interessante, agradável e maravilhoso. Posteriormente, tive o privilégio de oficiar a cerimônia de casamento deles.

COMO A ORIENTAÇÃO DIVINA FUNCIONA PARA OUTRA PESSOA

Você pode usar o poder infinito para guiar outra pessoa, seja um desconhecido, um parente ou um amigo íntimo. Você pode fazer isso sabendo que o poder de orientação infinito é receptivo aos seus pensamentos e acreditando nessa resposta infinita. Já fiz isso para muitas pessoas com resultados extraordinários e fascinantes.

Um jovem engenheiro, por exemplo, me telefonou um dia e disse: "A empresa onde trabalho está sendo vendida para uma companhia maior, e fui informado de que não serei necessário na nova estrutura. Você poderia rezar pedindo a orientação divina para mim?" Eu lhe disse que havia um princípio de orientação infinito que revelaria uma nova porta de expressão para ele, e que tudo o que ele tinha a fazer era acreditar nisso da mesma maneira que acreditava nas Leis de Boyle ou de Avogrado na ciência.

Usei o princípio da seguinte maneira: imaginei o engenheiro me dizendo: "Consegui um cargo espetacular com um salário maravilhoso. Ele me foi oferecido de repente, sem mais nem menos." Fiz isso durante cerca de três ou quatro minutos depois que ele desligou o telefone e em seguida me esqueci completamente do assunto. Eu acreditava no que fiz e esperava uma resposta.

No dia seguinte, ele me telefonou e confirmou o fato de que aceitara uma boa oferta em uma nova empresa de engenharia. Ele disse que recebera a oferta "sem mais nem menos"!

Existe apenas uma mente, e aquilo que eu subjetivamente retratara e sentira como verdadeiro se tornara realidade na experiência do engenheiro. Quando você invoca o infinito princípio orientador, Ele sempre responde ao seu chamado. O que você acredita que viverá certamente acontecerá.

COMO RECEBER ORIENTAÇÃO PESSOAL PARA O VERDADEIRO LUGAR

Você estabelece fé e confiança na força orientadora infinita sabendo que Deus é vida infinita e você é a vida eterna manifestada. O princípio vital está interessado em se expressar por seu intermédio. Você é único e inteiramente diferente. Você pensa, fala e age de maneira diferente. Não existe ninguém no mundo como você. O princípio vital nunca se repete. Compreenda, saiba e acredite que você tem talentos e aptidões especiais e únicos. Você pode fazer alguma coisa de um jeito especial, que mais ninguém no mundo é capaz de fazer, porque você é você. Você está aqui para se expressar plenamente e fazer o que gosta, realizando com isso o seu destino na vida. Você é importante. Você é um órgão ou expressão de Deus. Ele precisa de você exatamente onde você está, caso contrário você não estaria aqui. A presença de Deus vive em você. Todos os poderes, atributos e qualidades de Deus estão dentro de você. Você tem fé, imaginação e o poder de escolher e pensar. Você molda, fabrica e cria o seu próprio destino de acordo com a maneira como pensa.

COMO O PRINCÍPIO ORIENTADOR SALVOU UMA VIDA

O falecido Dr. Harry Gaze, autor do livro *Emmet Fox, The Man and His Work,* acreditava no princípio da orientação em todos os seus empreendimentos. Certa vez ele estava prestes a embarcar em um avião, mas uma voz interior lhe disse para não fazer isso. As suas malas já estavam na aeronave, mas ele as retirou de lá e desistiu da viagem. O impulso intuitivo salvou a sua vida, porque todos os que estavam naquele voo específico perderam a deles.

O seu trecho predileto da Bíblia era: "Ele tornará os anjos responsáveis por ti, para que te guardem em todos os teus caminhos. Eles te sustentarão nas suas mãos, para que não tropeces em alguma pedra" (Salmos 91:11-12).

A AÇÃO CORRETA SE MANIFESTA PARA VOCÊ POR MEIO DA ORIENTAÇÃO

A orientação divina surge quando os seus motivos são corretos e quando o seu verdadeiro desejo interior é fazer a coisa certa. Quando o seu pensamento é correto (ou seja, quando ele está em harmonia com a regra de ouro e a lei da boa vontade para todos), um sentimento de paz e tranquilidade interior cresce dentro de você.

Esse sentimento interior de serenidade, equilíbrio e estabilidade o leva a fazer a coisa certa em todas as fases da sua vida. Quando você sinceramente deseja para os outros o que deseja para si mesmo, está praticando o amor, que é o cumprimento da lei da saúde, felicidade e paz de espírito.

Como você pode ser guiado automaticamente

Tenho um amigo construtor que está sempre ocupado e não consegue lidar adequadamente com todas as propostas de trabalho que recebe. Ele me disse: "Dizem que a área da construção civil está desacelerada, mas não consigo assumir todos os projetos que me oferecem." Ele acrescentou que cometeu muitos erros no passado e que perdera duas pequenas fortunas em maus empreendimentos, mas que seis anos antes decidira estudar o livro *O poder do subconsciente* e começara imediatamente a aplicar os princípios nele descritos. Ele me mostrou a sua afirmação diária, primorosamente datilografada em um cartão que ele leva consigo o tempo todo. Eis o que está escrito no cartão:

> Eu me perdoo por todos os erros do passado. Não culpo ninguém. Todos os meus erros foram degraus para o meu sucesso, prosperidade e progresso. Acredito implicitamente que Deus está sempre me guiando e que o que quer que eu faça será a coisa certa. Avanço sem medo e com confiança. Dou o melhor de mim no meu trabalho. Sinto, acredito, afirmo e sei que sou erguido, guiado, dirigido, sustentado, favorecido e protegido de todas as maneiras. Faço a coisa certa. Tenho os pensamentos corretos e sei que existe uma inteligência infinita na minha mente subconsciente que me responde. Dou o melhor de mim para os meus clientes. Sou guiado a fornecer o preço correto e inspirado a enxergar o que precisa ser feito e o faço. Atraio os parceiros

certos, que trabalham harmoniosamente comigo. Sei que esses pensamentos penetram na minha mente subconsciente formando um padrão subjetivo, e acredito que obterei uma resposta automática dela compatível com o meu modo de pensar habitual.

Essa é a afirmação diária do construtor, e esse homem é automaticamente guiado para tudo o que é bom. Ele declarou que tudo o que faz parece ter o toque de Midas, o Toque de Ouro da prosperidade. Em mais de seis anos, não ocorreram erros, perdas ou questões trabalhistas na sua equipe. Ele é genuinamente guiado de forma automática, e você também pode ser.

Lembre-se de que a mente subconsciente responde à natureza dos pensamentos e imagens da mente consciente.

COMO A ORIENTAÇÃO DIVINA REVELOU VERDADEIROS TALENTOS

Certo jovem que enfrentara dificuldades na área musical, como ator de teatro e nos negócios me disse o seguinte: "Fracassei em tudo." Eu lhe expliquei que a resposta para o seu problema estava dentro dele e que ele poderia encontrar a sua verdadeira expressão na vida. Acrescentei que, quando ele estivesse fazendo o que adorava fazer, seria feliz, próspero e bem-sucedido.

Por sugestão minha, ele passou a fazer a seguinte afirmação:

Tenho o poder de subir mais alto na vida. Cheguei agora à conclusão bem definida de que nasci para ter sucesso e levar uma vida triunfante e construtiva. Tenho agora a convicção interior de que a estrada real para o sucesso é minha. A inteligência infinita interior me revela os meus talentos ocultos, e eu sigo a orientação que penetra na minha mente consciente racional. Eu a reconheço claramente. O sucesso é meu agora. A riqueza é minha. Estou fazendo o que adoro fazer, e estou servindo à humanidade de maneira maravilhosa. Acredito no princípio da orientação e sei que a resposta chega, já que me é feito conforme eu acredito.

Algumas semanas depois, aquele jovem teve o intenso desejo de se dedicar aos estudos do sacerdócio na linha da ciência da mente. Hoje em dia, ele é extremamente bem-sucedido como professor, pastor e orientador psicológico, sendo imensamente feliz no seu trabalho. Ele descobriu um infinito princípio orientador que conhecia os seus talentos interiores e os revelou para ele de acordo com a sua crença.

COMO UMA MULHER DE OITENTA ANOS DESCOBRIU UMA FORTUNA NA MENTE

Tive uma conversa muito interessante com uma mulher de mais de 80 anos que é ativa, mentalmente ágil, iluminada, inspirada e estimulada pelo espírito divino, que anima todo o seu ser. Ela me disse que fizera durante várias semanas a seguinte afirmação para o seu Eu superior antes de pegar no sono: "O meu Eu superior me revela uma nova ideia, que está completa na minha mente e que consigo visualizar com grande facilidade. Essa ideia abençoa todas as pessoas." A sua mente lhe forneceu o modelo completo de uma nova invenção. Ela então entregou o desenho ao filho, que é engenheiro, e este o entregou a um advogado especializado em patentes que providenciou o registro. Posteriormente, uma empresa lhe ofereceu uma grande quantia pela patente e mais um percentual sobre as vendas.

Aquela senhora acreditou que a sua inteligência suprema interior, o infinito princípio orientador, responderia, e que a sua ideia seria completa e incluiria todas as possíveis melhorias necessárias. A afirmação se concretizou exatamente como ela havia esperado, visualizado e planejado.

Independentemente da sua profissão, negócio ou ocupação, *você* tem o poder de silenciar a sua mente e invocar a inteligência infinita do subconsciente para que lhe revele uma nova ideia que abençoará você e o mundo. Você pode acreditar resolutamente que obterá uma resposta.

"Antes que clamem, responderei; e enquanto ainda estão falando, eu os ouvirei" (Isaías 65:24). A resposta para todas as coisas já está dentro de você. Já estava presente desde o início dos tempos. Deus reside em você e Ele sabe a resposta.

COMO O PRINCÍPIO ORIENTADOR ATRAI O QUE VOCÊ PROCURA

Uma amiga me escreveu da Irlanda dizendo que uma fazenda que pertencia a um tio fora deixada em herança para o seu irmão, que partira para os Estados Unidos e desde então nunca mais se comunicara com a família. Ela perguntou se seria possível encontrá-lo e escrever para ele. A família havia contratado um advogado na Irlanda, mas este não conseguira encontrar nada e não obtivera nenhuma pista. A minha amiga nem mesmo tinha uma foto do irmão.

Certa noite eu me sentei, silenciei a mente e li o Salmo 23, que é o melhor Salmo para o descanso, o repouso e a quietude. Ele nos diz que Davi revelou que o Senhor o guiara e conduzira a verdes pastos e águas tranquilas, o que significa que o infinito princípio orientador revela respostas às pessoas e as conduz a situações tranquilas, alegres e jubilosas. Davi acreditava nesse princípio orientador, e este correspondeu à crença que nele fora depositada. O Senhor a que ele se referiu é a inteligência criativa que reside na nossa mente subconsciente e que o criou e sustenta.

Meditando sobre a sabedoria desse Salmo, refleti nessa noite da seguinte maneira:

> O infinito princípio orientador que guia a trajetória dos planetas, faz o sol brilhar e governa todo o cosmo é o mesmo princípio orientador que existe em mim. Ele tudo sabe e tudo vê. Essa inteligência suprema sabe onde está esse homem e revela a resposta. Ele se comunica de imediato com a irmã. Existe apenas uma mente e nenhuma separação no princípio mental. Além disso, não há tempo ou espaço na mente. Decreto agora que o seu paradeiro é imediatamente conhecido e revelado à sua irmã e ao advogado na Irlanda. A minha inteligência infinita interior conhece a melhor maneira de fazer isso e cuidará do assunto do seu próprio jeito. Acredito no que estou afirmando, e sou grato pelo fato de tudo estar resolvido agora.

O princípio orientador funcionou de maneira extremamente reveladora e inspiradora. Passadas algumas semanas, recebi uma carta da minha amiga na Irlanda, na qual informava que o seu irmão havia lhe enviado um telegrama dizendo que estava a caminho de casa para uma visita. Era a primeira vez que tinham notícias dele desde que fora embora. Não era uma coincidência. Este é um universo de lei e ordem. Nada acontece por acaso. Como diz Emerson: "Tudo é empurrado por trás." Há uma lei de causa e efeito que é cósmica e universal. O meu pensamento penetrou na mente subconsciente universal, na qual todos vivemos, nos deslocamos e temos o nosso ser, e que permeia todo o cosmo. Ele foi captado pelo irmão ausente e o princípio orientador da vida o impeliu a se comunicar imediatamente com a irmã.

Em uma carta subsequente, a minha amiga declarou que o irmão lhe disse que não conseguira dormir em determinada noite devido a um impulso persistente, torturante e incessante de visitar o seu antigo lar e entrar em contato com a sua irmã. Ele respondeu de imediato ao anseio psíquico, enviou um telegrama para ela e providenciou uma passagem de avião para a Irlanda. Ao chegar à sua antiga casa, descobriu que as cutucadas e sussurros da sua mente mais profunda haviam se revelado uma bênção, já que ele não apenas herdara uma fazenda maravilhosa como também uma casa encantadora.

Não é possível determinar como a afirmação será consumada. A Bíblia diz o seguinte: "Porque, assim como os céus são mais elevados do que a terra, também são os meus caminhos mais elevados do que os vossos caminhos, e os meus pensamentos mais elevados do que os vossos pensamentos" (Isaías 55:9).

14 Use o poder infinito para curar

A inteligência criativa que criou o seu corpo também sabe como curá-lo. Existe dentro de você uma infinita presença de cura que conhece todos os processos e funções do seu corpo. Quando você "se sintonizar" com esse poder infinito, ele se tornará ativo e vigoroso na sua vida. A Bíblia diz o seguinte: "Eu sou o Senhor que te cura" (Êxodo 15:26).

É seu direito de nascença divino ser saudável, vigoroso, forte e dinâmico. Este capítulo indicará nitidamente os processos e os passos que você pode dar para induzir e vivenciar uma saúde radiante. Sugiro que você comece a praticar os métodos e técnicas descritos agora. Desse modo você descobrirá o caminho em direção à saúde, à harmonia e à serenidade.

VOCÊ ASSEGURA UMA BOA SAÚDE POR MEIO DO PENSAMENTO CONSTRUTIVO

O Livro de Provérbios diz: "Porque como pensa no seu coração, assim ele é" (Provérbios 23:7). O coração equivale à mente subconsciente. Os pensamentos, opiniões e crenças implantados na sua mente subconsciente se manifestam no seu corpo, nas suas atividades comerciais e em todos os seus outros assuntos. A sua saúde é, em grande medida, controlada pela maneira como você pensa o dia inteiro. Ao direcionar a mente para pensamentos de totalidade, beleza, perfeição e vitalidade, você terá uma sensação de bem-estar. Se você se concentrar em pensamentos de preocupação, medo, ódio, ciúme, depressão e tristeza, vivenciará a doença da mente, do corpo e dos seus assuntos. Você é aquilo em que os seus pensamentos se concentram.

COMO O INFINITO PODER DE CURA PODE SER LIBERADO

Encaminhei uma jovem com dor de garganta crônica e febre persistente para um médico amigo meu. Ele diagnosticou o problema como faringite estreptocócica e lhe receitou um antibiótico e um gargarejo. No entanto, ela não respondeu ao antibiótico e nem a outros medicamentos. O médico não conseguiu encontrar o motivo pelo qual ela não estava respondendo ao tratamento. A meu pedido, ela voltou a me procurar. Eu lhe perguntei se estava escondendo alguma coisa de mim, acrescentando que, se ela se abrisse comigo, era bem possível que pudesse ficar curada.

A jovem exclamou: "Odeio a minha mãe e o lugar onde moro. Ela é dominadora, exigente e quer controlar a minha vida me obrigando a me casar com um homem que *ela* acha que é adequado para mim.

Esse estado emocional de ressentimento, aliado ao sentimento de culpa por sentir ódio da mãe, estavam causando a infecção na garganta acompanhada de febre. Eu lhe expliquei que o seu estado ambivalente de amor e ódio, no qual em um momento ela dizia amar a mãe e, no seguinte, afirmava odiá-la, era sem dúvida a causa do seu problema de saúde. Ela não queria se casar com o homem, de modo que a mente subconsciente satisfazia o seu desejo produzindo a inflamação e a infecção na garganta. O subconsciente estava na verdade dizendo à mente consciente: "Você não vai poder se casar com ele enquanto estiver doente." Essa foi a maneira de o corpo da jovem estar de acordo com o desejo do subconsciente.

Como a saúde da jovem voltou ao normal

Por sugestão minha, a moça informou à mãe, de maneira decidida e categórica, que não iria se casar com o homem simplesmente porque não o amava. Além disso, ela foi morar sozinha e resolveu tomar as suas próprias decisões. Consegui falar com a mãe dela e enfatizei que era completamente errado tentar insistir com a filha para que esta se casasse com um homem que não amava, e que o casamento por qualquer outro motivo que não fosse o amor seria um embuste, uma farsa e uma dissimulação.

A mãe foi sensata e concordou comigo. Ela disse à filha que poderia se casar com quem bem entendesse, que não iria mais lhe dizer o que fazer e que ela era livre como o vento.

Um milagre de cura comprovado

Essa jovem teve uma conversa franca com a mãe e ambas assumiram o espírito do perdão, do amor e da boa vontade uma com a outra. Uma cura perfeita ocorreu imediatamente e desde então ela nunca mais teve nenhum problema físico.

COMO LIBERAR UM NOVO PODER RESTAURADOR

Conversei há pouco tempo com um jovem banqueiro que parecia muito nervoso, irrequieto e, ao que tudo indicava, mental e fisicamente doente. "Peguei a gripe asiática. Ela está acabando comigo." Escrevi uma prescrição mental e espiritual para ele, enfatizando que, por meio da repetição, da crença e da expectativa, as ideias de saúde, força e vitalidade penetrariam na sua mente subconsciente e ele obteria resultados maravilhosos. Eis a minha prescrição:

> Sou forte, poderoso, amoroso, harmonioso, vigoroso, dinâmico, alegre e feliz.

O jovem banqueiro repetiu essa afirmação durante cerca de cinco minutos, três a quatro vezes por dia, ciente de que se tornaria o que quer que associasse a *Eu sou*. Ao final de mais ou menos uma semana, ele me telefonou, dizendo: "O remédio espiritual que você me receitou funcionou como um milagre. A partir de agora vou me certificar de que tudo o que eu associar a *Eu sou* será divino e respeitável." Ele esperou resultados e acreditou na resposta do subconsciente.

O INFINITO PODER DE CURA DA MENTE SUBCONSCIENTE

Certa mãe trouxe o filho de 10 anos para me ver. O menino tinha desenvolvido um caso grave de asma. A mãe disse que, quando o verão chegava e ele ia passar as férias com os avós em São Francisco, o menino ficava completamente curado das crises; quando regressava, ele invariavelmente tinha uma recaída e precisava voltar a tomar os remédios receitados pelo médico, que ajudavam a aliviar a sua aflição.

Quando conversei sozinho com o menino, descobri que os seus pais estavam sempre brigando, que ele tinha medo de perdê-los e não ter mais um lar. O garoto era perfeitamente normal sob todos os aspectos. O problema eram as discussões e os conflitos que ele presenciava em casa. Durante uma reunião que tive com a mãe, constatei que ela sentia uma tremenda hostilidade e raiva reprimida pelo marido. Ela admitiu que de vez em quando atirava pratos nele, e que ele já tinha batido nela duas vezes. O menino estava imprensado nesse fogo cruzado emocional e, em consequência, sentia medo e uma profunda sensação de insegurança.

Uma ação milagrosa do poder de cura infinito

Consegui reunir o pai e a mãe e expliquei aos dois como os filhos sofrem com a atmosfera mental e emocional do lar. Declarei que não tinha nenhuma dúvida de que ambos amavam o menino. Ressaltei que, tendo em vista que eles o haviam colocado no mundo, tinham a obrigação moral e espiritual de garantir que haveria amor, paz e harmonia em casa; além disso, era importante que comunicassem ao filho que ele era amado, desejado e valorizado. Expliquei ainda que o menino ansiava por um sentimento de segurança, de modo que, quando o amor e a harmonia fossem restabelecidos entre os seus pais, eu acreditava que as crises de asma desapareceriam. A asma era o sintoma do medo e da ansiedade dele.

A afirmação de cura do pai e da mãe para o filho

Escrevi uma afirmação para os pais do menino e sugeri que eles alternassem um com o outro a leitura da prece à noite e pela manhã.

Eu sabia que, quando rezassem, todo o ódio e animosidade reprimidos seriam dissolvidos pelo amor divino. Esta é a afirmação:

> Nós nos unimos sabendo que Deus existe e o seu poder de cura infinito está circulando através de cada um de nós. Irradiamos amor, paz e boa vontade um para o outro. Vemos a presença de Deus em cada um de nós e interagimos de maneira gentil, amorosa e harmoniosa. Elevamos mental e espiritualmente um ao outro por saber que a luz, o amor e a alegria de Deus estão sendo expressos cada vez mais, todos os dias, por cada um de nós. Saudamos a divindade um no outro, e o nosso casamento se torna diariamente mais belo e abençoado. Nosso filho está aberto e receptivo aos nossos pensamentos amorosos. Ele vive, se desloca e tem a sua existência em Deus. Ele respira o aleito puro do espírito e os seus brônquios, pulmões e todo o sistema respiratório estão permeados e saturados pelo poder de cura infinito revigorante e harmonizador da sua mente subconsciente, tornando dessa forma a sua respiração livre, fácil e perfeita.

O casal repetiu essa afirmação três ou quatro vezes de manhã e à noite, o marido recitando-a pela manhã e a mulher, à noite.

Afirmação de cura para o filho

Essa é a afirmação que o menino repetiu todas as noites:

> Amo o meu pai e a minha mãe. Deus os ama e cuida deles. Eles são felizes juntos. Inalo a paz de Deus e exalo o amor de Deus. Durmo em paz e acordo com alegria.

O pai e a mãe recitaram regularmente a afirmação que lhes recomendei, acreditando no poder milagroso da mente subconsciente. Ao final de mais ou menos duas semanas, notaram que o filho estava completamente livre das crises de asma e interromperam todos os medicamentos. O menino me disse que tinha tido um sonho na sétima noite depois que começou a dizer a afirmação no qual um homem de barba apareceu para ele e disse: "Meu filho, você está bem agora." Ele acordou e contou aos seus pais o que acontecera, acrescentando: "Eu sei que estou curado."

Minha análise e comentário

Acredito que, quando os pais começaram a rezar juntos e um para o outro, bem como para o filho, as vibrações restauradoras de paz, harmonia e amor se insinuaram na mente receptiva do menino, revivendo a totalidade, a harmonia e a perfeição já existentes na sua mente subconsciente. Eles acreditaram no poder de cura infinito da mente subconsciente, bem como no que estavam fazendo e por que o estavam fazendo. Além disso, a afirmação do menino acelerou o processo de cura. Ao preencher a mente com fé e confiança no poder de cura de Deus e com amor pelos seus pais, a sua mente subconsciente dramatizou em um sonho vívido a cura que aconteceu. A Bíblia diz: "Eu, o Senhor, a ele me farei conhecer em uma visão e falarei com ele em sonhos" (Números 12:6).

O MILAGRE DA ATITUDE MODIFICADA TRANSFORMA VIDAS

No final do século XIX, William James, chamado de pai da psicologia americana, disse o seguinte: "A maior descoberta da minha geração é que os seres humanos podem alterar a sua vida modificando a sua atitude mental." Em outras palavras, você pode ter um grau maior de saúde, vitalidade, energia e jovialidade se começar a alimentar a mente subconsciente com padrões revigorantes de harmonia, alegria, força, poder, energia, entusiasmo e sucesso.

COMO UMA ATITUDE MODIFICADA CUROU UMA DOENÇA DESCONCERTANTE

Algumas semanas atrás, falei para cerca de 1.500 pessoas reunidas no salão de baile do Frontier Hotel em Las Vegas, Nevada. O tema da palestra era "Como desenvolver a consciência de cura". Depois da apresentação, um jovem médico me contou uma experiência muito interessante e inspiradora. Ele relatou que, certa noite, foi chamado a uma casa onde os pais de uma jovem doente não acreditavam em doenças ou em médicos de qualquer escola. O pai disse a ele: "A minha filha está com muito medo de morrer." O médico examinou a jovem e lhe disse que ela estava com quase 39 graus de febre, mas que ficaria bem — não havia nada radicalmente errado com ela, que não corria o risco de morrer.

Ela lhe pediu que rezasse com ela e, como ele era muito religioso, recitou em voz baixa o Salmo 23 com a jovem. Ela se recusou a tomar qualquer remédio porque isso contrariava a sua convicção religiosa. O médico me contou que acreditava que ela ficaria boa e a imaginou perfeita.

Um mês depois, o irmão da jovem, que se afastara das convicções religiosas dos pais e da irmã, e que se tornara, por mérito próprio, um médico e cirurgião muito bem-sucedido, visitou o médico e quis saber que terapia ele tinha prescrito para a sua irmã, já que antes ela vinha sofrendo de graves ataques epilépticos duas ou três vezes por semana e agora ficara livre de todos os sintomas e convulsões. O rapaz acrescentou que, durante vários anos, tentara sem sucesso fazer a irmã tomar remédios modernos para epilepsia. O jovem médico disse ao irmão da paciente que não havia usado nenhuma terapia, a não ser sugerir que ela iria ficar bem, que não corria risco de morte e que se recuperaria imediatamente.

Ambos ficaram atônitos durante alguns momentos. O irmão da paciente quebrou o silêncio dizendo: "Tudo o que eu sei é que você deu a ela uma transfusão de fé no poder de cura de Deus, e a sua sugestão positiva encontrou o caminho da mente subconsciente dela, o que a curou."

O jovem médico que me procurou disse: "Se eu soubesse que ela sofria de epilepsia, jamais teria sido tão positivo e confiante ao tratá-la. Consigo perceber agora que a minha imagem de saúde perfeita e total confiança na sua recuperação foi transmitida para a sua mente subconsciente e que a minha atitude aliada à sua nova atitude mudou tudo e produziu uma cura perfeita.

"Um ano se passou," disse ele, "e ela não teve um único ataque. Está casada e dirige o seu próprio carro." A mudança de atitude é capaz de mudar tudo para melhor!

A Bíblia diz: "A tua fé te curou; vai em paz" (Lucas 8:48).

15 Recorra ao poder infinito do amor e ao seu guia matrimonial e invisível

Deus é vida, e a vida adora se manifestar por intermédio de cada um de nós como harmonia, saúde, paz, alegria, abundância, beleza e ação correta, ou, em outras palavras, uma existência mais abundante. Todos abrigamos algo que nos lembra da nossa origem e nos faz voltar à fonte. É nossa missão e propósito dilatar essa memória, fazendo-a deixar de ser uma centelha e se tornar uma chama, e percebamos e sintamos a nossa identidade com Deus — a fonte de toda a vida. Existe em você uma fome e sede profundas de se unir à fonte infinita da vida — o seu Criador.

Quando você nasceu, chorou porque queria comida. Quando ficou mais velho, descobriu que jamais poderia ficar satisfeito sem receber também um alimento espiritual como inspiração, orientação, sabedoria e energia da fonte infinita de todas as bênçãos. O princípio vital infinito está buscando expressão através de você, e o seu amor por Deus é expresso pelo seu desejo de se sentir mental e espiritualmente unido à fonte de todas as bênçãos e de todo o poder.

AME AS SUAS IMAGENS MENTAIS

Os seus padrões e imagens mentais se manifestam por meio da sua natureza amorosa, ou seja, pela sua conexão emocional. Qualquer ideia ou desejo ao qual você agregue emoção e que sinta ser verdadeiro é interpretado subjetivamente e se manifesta no seu mundo. Faça um projeto para si mesmo hoje, enquanto lê este capítulo, preste atenção e se dedique a ele, siga-o de maneira regular e sistemática e, finalmente, o seu projeto será invadido pela emoção e gerado na sua experiência. Você se torna aquilo que ama.

Em frequentes intervalos durante o dia, imagine mentalmente o que você quer ser, fazer e ter. Faça isso com amor, sentimento e persistência. Não use a força ou a coação, mas entregue a sua imagem mental com sentimento e confiança para a mente subconsciente, sabendo e acreditando que o seu subconsciente responderá à sua impressão mental.

COMO UMA MULHER ATRAIU O AMOR DURADOURO PARA A SUA VIDA

Uma jovem me perguntou recentemente: "O que está errado comigo? Sou instruída, uma alta executiva, falo bem e muitos dizem que sou atraente; no entanto só atraio homens casados e alcoólatras, além de receber propostas duvidosas de outros."

Por que ela estava se rejeitando

O caso dessa jovem é típico de um grande número de mulheres interessantes, animadas, encantadoras e dotadas de um excelente caráter, mas que se criticam constantemente. O seu pai, já falecido, fora cruel, despótico e tirânico, e nunca lhe dera amor ou atenção. Ele era do tipo puritano, que não permitia que a filha se divertisse aos domingos, obrigando-a nesse dia a ir três vezes à igreja. Além disso, ele brigava violentamente com a mãe dela. A jovem se sentia rejeitada pelo pai, que nunca demonstrara qualquer interesse pelo seu desempenho na escola ou bem-estar em geral.

Ela o odiava subconscientemente e se sentia culpada por causa disso, o que gerou na sua mente o medo de ser punida. O sentimento de que seria rejeitada, que não merecia ser amada e que não era muito atraente ascendia constantemente das profundezas da sua mente.

A misteriosa lei da atração

O semelhante atrai o semelhante. "Diz-me com quem andas e dir-te-ei quem és." Como o seu sentimento de rejeição e o medo de ser punida eram um estado mental, este automaticamente atraía para ela homens frustrados, neuróticos e inseguros. A lei da mente funciona e responde negativa ou positivamente de acordo com os padrões de pensamento ou orientações que lhe são transmitidos.

Como ela purificou a mente subconsciente

Por sugestão minha, a jovem escreveu a afirmação a seguir e decidiu preencher a sua mente subconsciente com as verdades que ela contém durante cinco ou dez minutos pela manhã, à tarde e à noite:

> Eu sei que o amor divino dissolve tudo o que é diferente dele. Sei também e acredito que tudo sobre o que medito conscientemen-

te é gravado na minha mente subconsciente e se manifestará na minha experiência. O meu Eu é Deus. Reverencio, exalto e amo o Eu divino existente dentro de mim. Sempre que me vir propensa a me criticar ou achar defeitos em mim, vou afirmar de imediato: "Eu exalto a presença de Deus que existe dentro de mim."

Eu me perdoo por alimentar pensamentos de ressentimento e ódio pelo meu pai e lhe desejo todas as bênçãos de Deus. Sempre que penso no meu pai, que está agora na outra dimensão, eu o abençoo. Continuo a fazer isso até deixar de sentir na mente qualquer pontada desses sentimentos.

O amor de Deus circula agora através de mim. Estou cercada pela paz de Deus. O amor divino me circunda, envolve e abrange. Esse amor infinito está insculpido no meu coração e gravado nas partes mais íntimas do meu ser. Irradio amor para todos os homens e mulheres. O amor divino me cura neste momento. O amor é um princípio orientador dentro de mim e atrai para a minha experiência relacionamentos perfeitos e harmoniosos. Deus é amor. "Quem vive no amor vive em Deus, e Deus nele."

Ela continuou nesse processo de terapia da afirmação durante um mês e permaneceu fiel a ele. Na consulta seguinte, encontrei uma jovem transformada. A sua atitude mental com relação a si mesma e ao mundo em geral passara por uma tremenda transformação.

Como ela se preparou para o casamento

A jovem tinha deixado de se rejeitar, uma atitude negativa que, mesmo que ela tivesse se casado, teria destruído o casamento. Esta foi a afirmação que ela repetiu:

Acredito que posso ter o marido ideal. Sei que se trata de um contrato bilateral. Dou a ele lealdade, dedicação, sinceridade, integridade, felicidade e satisfação; e recebo dele lealdade, fé, confiança, segurança, amor e satisfação. A minha inteligência infinita interior sabe onde está o homem ideal e deseja que eu me realize. Sou necessária, sinto-me imensamente desejada pelo homem escolhido para mim pela inteligência infinita. Preciso dele e ele precisa de mim. Entre nós reina harmonia, paz, amor e entendimento. O amor divino nos une, e nós nos ajustamos perfeitamente do ponto de vista espiritual, mental e físico. Eu abandono toda a tensão e receios, confiando e acreditando que a inteligência infinita nos reunirá. Sei que haverá um reconhecimento mútuo quando nos encontrarmos. Ele me ama e eu o amo. Libero toda essa ideia para a mente infinita, agradecendo à lei universal do amor por consumá-la agora.

Ela repetiu dia e noite essa afirmação, com profundo sentimento, acreditando e sabendo que essas verdades estavam penetrando nas paredes da sua mente subconsciente.

Como o amor atrai o amor

Dois meses se passaram. A jovem teve vários encontros, mas nenhum deles evoluiu para um relacionamento romântico. No entanto, sempre que a dúvida ameaçava dominá-la, ela lembrava a si mesma de que o poder infinito estava lidando com o seu pedido. Certo dia, em um avião, quando estava indo a Nova York a negócios, um atraente pastor se sentou ao lado dela e iniciou uma conversa. Os dois conversaram sobre religião, e ela descobriu que as convicções religiosas e políticas dele coincidiam com as suas. A jovem compareceu ao serviço religioso dele em Nova York e uma semana depois ficaram noivos. Estão agora casados e moram em uma bela residência paroquial, onde reina a harmonia.

COMO UM EMPRESÁRIO SUPEROU A INVEJA ANORMAL POR MEIO DO AMOR

O amor une; o ciúme separa. Milton disse: "O ciúme é o inferno do enamorado ferido." Shakespeare declarou: "Oh, tenha cuidado com o ciúme; ele é um monstro de olhos verdes, que zomba da carne de que se alimenta." Em outras palavras, a pessoa ciumenta envenena a sua própria refeição e depois a come.

Como exemplo, um homem que eu conhecia nutria um profundo ressentimento por um rival nos negócios por causa do sucesso, das promoções e da popularidade deste último. Expliquei ao homem que o veneno mortal do ciúme ou, neste caso, da inveja estava castigando todos os seus órgãos vitais, já que ele tinha úlceras perfuradas, hemorroidas e era hipertenso. Além disso, o veneno da inveja gerado estava transformando a tonalidade saudável do seu rosto em uma palidez emaciada, debilitando todo o seu ser.

Como a explicação se tornou a cura

A minha explicação sobre as dificuldades desse homem segue esta linha de raciocínio:

> O poder infinito é uno e indivisível. Não existe competição, pois ele não pode competir consigo mesmo. Ele não encerra divisões ou facções. Nada é capaz de confrontá-lo, cerceá-lo ou invalidá-lo,

pois ele é a única presença, poder, causa e substância. Seguramente, o poder infinito nunca está competindo com alguma coisa ou pessoa. O poder infinito é o princípio vital em todos os homens, buscando expressão por meio de cada um deles de maneira especial e extraordinária. Existem três bilhões de pessoas no mundo, e esse infinito reservatório de vida está circulando através de cada pessoa.

Cada pessoa pode se apossar do que deseja, já que o rio infinito da mente permeia a mente de todos nós. O seu pensamento, o seu sentimento, a sua atenção e o seu reconhecimento desse poder infinito representam o seu canal direto para o reservatório infinito. Você é a única pessoa no mundo capaz de romper essa conexão se não tiver convicção e fé.

Estabelecendo contato com o amor

Você pode entrar em si mesmo e reivindicar sucesso, saúde, riqueza, abundância, inspiração, orientação, amor ou qualquer outra coisa que você deseje. À medida que você esperar e acreditar, a resposta fluirá em seu benefício. Você não quer o que outra pessoa tem. Alegre-se pelo sucesso dela. Você pode obter o que quer por meio do pensamento e do sentimento corretos. Em outras palavras, ao determinar na sua mente o equivalente mental do que você deseja, você colherá a sua recompensa.

Ter inveja dos talentos, sucesso, realizações ou riqueza de outra pessoa equivale a se depreciar e atrair ainda mais escassez, perda e limitação. Na realidade, você está rejeitando a fonte divina de todo o bem e dizendo a si mesmo: "Ele pode ter essas coisas e ser bem-sucedido, mas eu não posso." Isso é ignorância e o priva de desenvolvimento e sucesso. Como existe apenas uma mente e uma vida, você precisa aprender que, quando desejamos sinceramente em nossos pensamentos e sentimentos que todos os homens, mulheres e crianças no mundo tenham direito à vida, à liberdade, à felicidade e a todas as bênçãos de Deus, nós realmente os amamos. O amor (boa vontade) é a consumação da lei do sucesso, da felicidade e da paz de espírito.

Como o amor transformou a vida dele

A conversa simples e prática que acabo de descrever a respeito das leis da mente produziu uma nova perspectiva e visão na vida desse homem. Ele me disse que nunca mais sentiria inveja ou ressentimento das promoções ou sucesso de outra pessoa, e que se alegraria ao tomar conhecimento de que alguém estava progredindo. Eu lhe ofereci a seguinte afirmação, sugerindo que ele a praticasse com frequência:

> Eu sei e acredito que todos temos um progenitor comum, o princípio vital, que é o pai de todos; e todos os homens são irmãos. Saúdo a divindade em cada pessoa. Sei que sou moldado por aquilo que eu amo. Sei que quando irradio amor e boa vontade para todos estou purificando e purgando a minha mente subconsciente de todo o ciúme, inveja, medo e ressentimento. Eu me alegro com o sucesso, desenvolvimento, progresso e felicidade de todos os que me cercam e das pessoas em toda parte. O rio do amor e da vida circula através de mim. Estou purificado e em paz.

Sempre que um pensamento de inveja lhe vinha à cabeça, ele afirmava: "Eu me alegro com o sucesso dele. Irradio amor e boa vontade para ele." Aquele homem fez disso um hábito, e hoje opera o seu próprio negócio e é muito bem-sucedido. O mais incrível é que o colega de quem ele sentia tanta inveja é hoje seu sócio, e eles estão prosperando além dos seus sonhos mais ambiciosos.

COMO USAR CONSTRUTIVAMENTE O PODER DO AMOR

Algum tempo atrás, uma mulher me fez a seguinte pergunta em uma consulta: "Eu me apaixonei por um homem. Como posso levá-lo a me pedir em casamento?" Esta é a utilização errada da lei do amor. É a inversão do amor e indica o desejo de coagir ou forçar mentalmente o outro a fazer uma coisa que ele não deseja. Significa interferir na prerrogativa e no privilégio que lhe foram concedidos por Deus de escolher e decidir por si mesmo.

Trabalhar mentalmente em uma pessoa para levá-la a fazer o que você quer é chamado de ocultismo. Esse poder mental é reconhecido na Índia, por exemplo, e em outros lugares. Expliquei a ela que, se conseguisse o seu homem dessa maneira, o processo funcionaria como um bumerangue, e que depois ela iria desejar não ter feito aquilo. Além disso, ela chegaria à conclusão de que, antes de mais nada, ele não era realmente quem ela queria.

Dei a ela a seguinte afirmação específica para a ação correta:

> A inteligência infinita existente dentro de mim sabe que desejo me casar. Ela também sabe onde está o tipo de homem certo para mim. Ele me ama pelo que eu sou, e nós nos sentimos mutuamente atraídos um pelo outro. Não tenho nenhum homem particular em vista, mas sei que a mente divina está agora nos reunindo na ordem divina. Ele chega sem nenhum impedimento e o

amor, interesse e respeito mútuos se mostram presentes. Eu sei e acredito que "o que é meu virá para mim". Não existe nenhuma competição na vida. Agradeço pelo princípio da ação correta na minha vida agora e sei que está feito.

Essa mulher acreditava sinceramente nas palavras que estava afirmando e as recitava com um sentimento de profunda convicção. Passadas algumas semanas, o seu patrão, para quem ela trabalhava havia cinco anos, a pediu em casamento. Eles se casaram e foram feitos um para o outro. Depois da cerimônia, que eu oficiei, ela comentou: "Não é engraçado como a prece funciona? Trabalhei no escritório dele durante cinco anos e ele nunca pareceu me notar. A prece realmente muda as coisas."

Caminhando no amor

Todos os dias, de manhã e à noite, reflita sobre as seguintes verdades bíblicas milenares: "Deus é amor" (I João 4:16). "Que todas as vossas coisas sejam feitas com bondade" (I Coríntios 16:14). "Caminhai no amor" (Efésios 5:2). "Quem vive no amor vive em Deus, e Deus, nele" (I João 4:16). "Amarás o teu próximo como a ti mesmo" (Levítico 19:18). "Por que esta é a mensagem que ouvistes desde o princípio: que devemos amar uns aos outros" (I João 3:11). "Amai-vos ardentemente uns aos outros, com um coração puro" (I Pedro 1:22). "O amor não faz mal ao próximo; de sorte que o cumprimento da lei é o amor" (Romanos 13:10). "Amados, amemo-nos uns aos outros, porque o amor é de Deus; e quem quer que ame nasceu de Deus e conhece Deus. Aquele que não ama não conhece Deus, porque Deus é amor" (I João 4:7-8).

16 Torne o impossível possível por meio da crença

A Bíblia diz: "Por isso vos digo que tudo o que pedirdes em oração, acreditai que já o recebestes e assim será" (Marcos 11:24). "E Jesus lhe disse: se podes acreditar, tudo é possível àquele que crê" (Marcos 9:23).

Acreditar é aceitar que uma coisa é verdadeira. Um grande número de pessoas, no entanto, acredita no que é totalmente falso; em consequência, elas sofrem no mesmo grau em que acreditam. Por exemplo, se você acreditar que Los Angeles fica no estado do Arizona e sobrescritar uma carta dessa maneira, ela se extraviará ou será devolvida para você. Lembre-se de que aceitar uma ideia significa efetivamente acreditar nela. Se alguém lhe sugerir que você nasceu para ter sucesso, para ser vitorioso sobre os problemas que surgirem, e você aceitar completamente essas declarações sem qualquer restrição mental, milagres acontecerão na sua vida!

O MILAGRE DE ACREDITAR IMPLICITAMENTE

Quando Alexandre, o Grande, o monarca da antiguidade, era pequeno e impressionável, a sua mãe, Olímpia, disse a ele que a natureza dele era divina, e que ele era diferente de todos os outros meninos, porque fora fecundado pelo deus Zeus; por esse motivo, ele transcenderia todas as limitações do menino típico. O jovem acreditou firmemente nas palavras da mãe e cresceu magnífico em estatura, poder e força. Sua vida foi marcada por uma série de proezas que estão além da compreensão do homem comum. Ele era chamado de "o lunático divino". Alexandre sempre realizava o imprevisível e o impossível. Ele se tornou um guerreiro e conquistador magnífico. Aceitou completamente a crença de que não era filho do seu pai humano, Filipe da Macedônia.

Existem registros de que, certa vez, ele abraçou o pescoço de um garanhão selvagem, feroz e indisciplinado, saltou sobre ele sem sela ou rédea, e o cavalo se tornou tão dócil como um carneiro. O seu pai e o tratador não ousavam tocar nesse cavalo. Entretanto, Alexandre acreditava que era divino e tinha poder sobre todos os animais. Ele conquistou o mundo conhecido na época e fundou o império alexandrino. Dizem que ele chorou porque não havia mais nações a serem conquistadas.

Estou citando essa passagem da história para mostrar o poder da crença, que possibilita que você torne possível o supostamente impossível. "Para Deus, tudo é possível" (Mateus 19:26). Alexandre acreditava, dramatizou a sua crença para si mesmo e manifestou da sua própria maneira esse poder infinito na mente, no corpo e nas suas realizações.

POR QUE VOCÊ DEVE SABER QUE É DIVINO

Você é filho/a do Deus vivo. A Bíblia diz: "Não chameis nenhum homem na terra de vosso pai, porque um só é o vosso Pai, que está nos céus" (Mateus 23:9). Você nasceu de Deus. Você é divino/a. Você tem o poder, a habilidade e a capacidade de fazer coisas divinas. Eu disse: "Vós sois deuses, e vós sois todos filhos do Altíssimo" (Salmos 82:6). Pense em todas as coisas maravilhosas que você pode realizar ao invocar o poder infinito que existe dentro de você. A sua convicção de que você é filho/a de Deus colocará de lado todas as falsas crenças e opiniões dos homens e possibilitará que você faça as obras de Deus aqui e agora.

COMO ADMITIR A SUA NATUREZA DIVINA

Afirme com frequência:

> Eu sei e acredito que sou filho/a de Deus e sou dotado/a de todos os poderes, qualidades e atributos de Deus. Acredito implicitamente na minha natureza divina e aceito o meu direito de nascença divino. Sou criado/a à imagem e semelhança de Deus. Recebi o domínio sobre todas as coisas. Posso superar todos os problemas e desafios por meio do poder infinito de Deus que existe dentro de mim. Todos os meus problemas são divinamente superados. Decididamente, acredito que sou capaz de aliviar o sofrimento em mim mesmo e nos outros. Sou inspirado/a e iluminado do alto. Estou expressando cada vez mais o amor, a luz, a verdade e a beleza de Deus todos os dias. Deus é meu pai, e eu sei que todas as coisas são possíveis para mim porque sou divino/a. Afirmo neste momento que a luz de Deus brilha em mim, e a glória de Deus, meu Pai, se ergue sobre mim. Posso fazer todas as coisas por meio do poder divino, que me fortalece.

Continue a reiterar essas verdades até que se tornem uma personificação subjetiva, e maravilhas acontecerão na sua vida.

COMO UM PASTOR DEMONSTROU PARA SI MESMO O PODER DA CRENÇA

Tive há alguns meses uma interessante conversa com um pastor, colega meu. Ele me disse que o seu irmão, que é médico internista e um diagnosticador excepcional, lhe dissera um ano antes o seguinte: "Tom, você tem um tumor maligno." O meu colega acrescentou: "Inicialmente, isso foi um grande choque para mim."

Ele prosseguiu, dizendo: "Comecei a pensar sobre o que eu digo nos meus sermões a respeito de Deus ser amor e de que a fé move montanhas, e disse a mim mesmo: 'Se isso é verdade, por que estou tão assustado e chateado? Será que eu não aceito realmente essas verdades, que tudo não passa de um assentimento teórico da minha parte?' De repente me ocorreu o pensamento de que, se eu realmente acreditasse, seria sensível às verdades da Bíblia e as viveria com sinceridade. Segui a terapia que o meu irmão indicou. A dor foi torturante e eu não respondi à terapia medicamentosa e de raios X. Eu estava ficando cada vez pior. Sabia que não acreditava realmente no poder de cura de Deus — que eram meras palavras e nada mais. Então, abri a Bíblia e li o seguinte trecho: 'Porque em verdade vos digo que quem quer que diga a esta montanha: Ergue-te e lança-te no mar, e não duvidar no seu coração, mas acreditar que o que diz acontecerá, terá tudo o que disser' (Marcos 11:23)."

O meu colega meditou sobre esse trecho, e o que vem a seguir é a ideia central da afirmação que ele criou:

Eu acredito nas verdades contidas neste versículo bíblico. A montanha de medo, preocupação e debilidade é removida e lançada no esquecimento. Esta doença me abandona agora. Acredito no poder de cura de Deus, na Sua bondade e no Seu cuidado comigo. Eu sei que este distúrbio no meu corpo é causado por pensamentos negativos carregados de medo e alojados na minha mente subconsciente. Eu sei que o amor restaurador de Deus está agora dissolvendo e eliminando todos os padrões negativos, e agradeço a Deus pela cura que acredito estar ocorrendo agora. Me recuso terminantemente a conceder poder à dificuldade, e me alegro na seguinte verdade: "Eu sou o Senhor que te cura" (Êxodo 15:26).

Ele recitou essa afirmação, em voz alta, muitas vezes por dia. Quando o medo e a dúvida lhe vinham à cabeça, ele afirmava imediatamente: "Deus está me curando agora." No final de três meses, todos os exames deram negativo. Ele está livre como o vento agora e voltou a pregar na sua igreja aos domingos e quartas-feiras, forte e sadio, uma imagem da saúde perfeita.

"Tudo o que pedirdes em oração, acreditando, recebereis" (Mateus 21:22).

COMO ACREDITAR NO PODER INFINITO E SER CURADO

Encontramos ao longo das eras relatos de curas espirituais milagrosas. Jesus curava os cegos e os mancos. Ele foi uma pessoa que nasceu como todos nós. A única diferença entre Jesus e qualquer outro homem é que ele se apropriou mais da divindade ao meditar e se alegrar com as grandes verdades de Deus. Ele tinha ainda a percepção da sua identidade com Deus. Ele dizia para todos os homens:

"As obras que eu faço, vós também fareis, e fareis obras maiores do que estas". Ele também disse: "E estes sinais seguirão aqueles que acreditam... eles expulsarão demônios; falarão novas línguas... imporão as mãos sobre os enfermos e estes se restabelecerão" (Marcos 16:17-8).

O poder de curar reside na sua convicção de que com Deus tudo é possível.

Como uma mãe fez o impossível se tornar possível

Recebi um telefonema de uma mulher da Louisiana cujo filho estava no hospital. Ele tinha sofrido uma grande hemorragia cerebral e não esperavam que ele sobrevivesse; o rapaz era considerado um caso perdido. Ao conversar com a mulher, descobri que ela era profundamente religiosa. Perguntei a ela: "Você acredita que a presença de cura infinita que criou o cérebro e o corpo dele é capaz de curá-lo e restabelecer a saúde dele?" Ela respondeu: "Acredito no que diz a Bíblia: 'Porque restaurarei a tua saúde e curarei as tuas feridas, diz o Senhor' (Jeremias 30:17)."

Rezamos juntos no telefone e concordamos que o poder de cura infinito sabia como curar o cérebro e todos os órgãos do corpo, e que também sabia exatamente como restaurá-lo. Decretamos que uma atmosfera de amor, paz e harmonia envolvia o seu filho e que todos os médicos e enfermeiros eram divinamente guiados de todas as maneiras. Sugeri que ela imaginasse o filho em casa e o ouvisse dizer na sua vívida imaginação: "Mamãe, aconteceu um milagre. Estou completamente curado."

A mãe continuou a rezar acreditando que o poder de cura de deus ia devolver a saúde do seu filho, e, constantemente, o imaginava em casa sorridente e feliz. Quando o medo ou algum pensamento de ansiedade lhe vinha à cabeça, ela imediatamente afirmava: "Acredito, acredito, acredito que o poder de cura infinito está fazendo um milagre agora." Esse jovem está hoje forte e saudável!

Ninguém sabe exatamente como a presença restauradora funciona. Do mesmo modo, não sei exatamente, e duvido de que alguém saiba, como a imensa sequoia cresce a partir de uma semente de sequoia. Essa mulher acreditava irrestritamente que havia uma inteligência infinita que sabia como curar e restaurar o corpo do seu filho. Ela olhou além das aparências e tornou o impossível possível.

COMO EXAMINAR COM EXATIDÃO AS SUAS CRENÇAS

Pergunte a si mesmo: "Isto que eu desejo existe para mim?" Você acredita que pode ter amigos maravilhosos e companheirismo? Acredita que toda a riqueza que você precisa existe como uma possibilidade para você no plano universal das coisas? Acredita que pode encontrar o seu verdadeiro lugar na vida? Acredita que a vontade de Deus para você é uma vida abundante, maior grau de felicidade, paz, alegria, prosperidade, uma carreira mais expressiva e uma saúde excelente? Se você responder afirmativamente a todas essas perguntas, acreditando e esperando o melhor da vida, o melhor virá para você.

O QUE MUITAS PESSOAS ERRONEAMENTE ACREDITAM A RESPEITO DA ABUNDÂNCIA EM SUAS VIDAS

Muitas pessoas pensam que a riqueza, a felicidade e a abundância não são para elas, são apenas para outras pessoas. Essa ideia é causada pelo sentimento de inferioridade ou rejeição. "Não existe algo como uma pessoa inferior ou superior. Somos todos deuses, embora no estágio inicial de desenvolvimento: Vós sois deuses, e vós todos sois filhos do Altíssimo" (Salmos 82:6).

Você não está limitado pela família, raça ou condicionamento inicial. Milhares de pessoas transcenderam o seu ambiente e ergueram a cabeça e os ombros acima da multidão, embora não tenham nascido em berço de ouro. Abraham Lincoln nasceu em uma cabana rústica de madeira, Jesus era filho de um carpinteiro e George Carver, o grande cientista, nasceu escravo. A generosidade universal de Deus é derramada sobre todos, independentemente de raça, credo ou cor.

É feito a ti conforme acreditas. Se você não acredita que tem direito ao desejo do seu coração, ciente de que a lei é impessoal, que ela sempre responde à sua crença, você não pode acreditar que o seu desejo será satisfeito!

VOCÊ TEM O DIREITO DE ACREDITAR EM UMA VIDA ABUNDANTE E PRAZEROSA

Deus, a bondade cósmica, lhe deu em abundância todas as coisas para você desfrutar. Você foi colocado aqui para glorificar Deus e desfrutar Dele eternamente. Você tem o direito irrestrito de atrair qualquer benefício para a sua vida desde que o seu motivo não seja egoísta e que você almeje para todos o que almeja para si mesmo. O seu desejo de saúde, felicidade, paz, amor e abundância não pode de nenhuma maneira causar dano a alguém. Você tem o direito de ocupar um cargo com uma renda maravilhosa, mas não deve cobiçar o emprego de nenhuma outra pessoa. A presença infinita pode direcioná-lo para a ocupação certa com uma renda compatível com a sua integridade e honestidade.

Acredite que você tem direito ao benefício que está buscando e faça tudo o que sabe para atraí-lo para a sua experiência, e ele se manifestará. Você não quer nada de que outra pessoa esteja desfrutando. As riquezas infinitas de Deus estão disponíveis para todos. A vida lhe responde conforme a sua crença nela e a maneira como você a utiliza.

VOCÊ RECEBE AQUILO EM QUE ACREDITA

Todas as suas experiências, condições e eventos têm origem nas suas convicções. A causa e o efeito estão indissoluvelmente unidos e vinculados um ao outro. O seu modo de pensar habitual encontra expressão em todas as fases da sua vida. Acredite que você tem um parceiro silencioso que o conforta, orienta e direciona, mantendo diante de você uma porta aberta que ninguém pode fechar. Viva na alegre expectativa do melhor e, invariavelmente, o melhor lhe sucederá.

Todas as manhãs, ao acordar, recite tranquila e amorosamente a seguinte afirmação:

Este é o dia criado pelo Senhor. Eu me alegrarei e serei feliz nele. Maravilhas acontecerão hoje na minha vida. Farei contatos sensacionais. Encontrarei pessoas incríveis e muito interessantes. Completarei todas as minhas tarefas na ordem divina e realizarei hoje coisas magníficas. O meu parceiro silencioso me revela maneiras melhores e diferentes de realizar todas as coisas. Eu sei que o poder infinito não vê obstáculos e não conhece barreiras. Acredito que Deus está me fazendo prosperar além dos meus sonhos mais ambiciosos. Eu sei e acredito que...

"Tudo é possível àquele que crê" (Marcos 9:23).

COMO UM HOMEM FALIDO AFIRMOU O SEU SUCESSO

Algum tempo atrás, um homem que fora à falência veio se consultar comigo. Ele estava deprimido e desanimado. Além disso, sua mulher pedira o divórcio e os filhos não o procuravam mais. Ele disse que a esposa havia envenenado a cabeça das crianças contra ele. Comentou que não acreditava em Deus e que tinha chegado ao seu limite.

Enfatizei que, mesmo que ele acreditasse que o mundo é plano, este continuaria a ser redondo. Além disso, existe uma inteligência infinita dentro de qualquer pessoa, quer ela acredite ou não na presença dela. Sugeri que ele tentasse fazer uma afirmação durante dez dias e, depois desse período, me procurasse novamente. A afirmação que eu lhe passei foi a seguinte:

> Eu acredito que Deus existe e que Ele é o poder infinito que move o mundo e criou todas as coisas. Eu acredito que esse poder infinito vive em mim. Eu acredito que Deus está me guiando agora. Eu acredito que as riquezas de Deus avançam na minha direção em avalanches de abundância. Eu acredito que o amor de Deus enche o meu coração e que o amor Dele inunda a mente e o coração dos meus dois filhos. Eu acredito que os vínculos do amor e da paz nos unem. Eu acredito que sou bem-sucedido. Eu acredito que sou feliz, alegre e livre. Eu acredito que Deus é sempre bem-sucedido, e como Deus é bem-sucedido e Ele vive em mim, sou um tremendo sucesso. Eu acredito, acredito, acredito.

Sugeri que ele afirmasse essas verdades em voz alta durante cinco minutos pela manhã, à tarde e à noite. Ele concordou, mas no segundo dia me telefonou, declarando: "Não acredito em uma única palavra do que estou dizendo. Tudo é mecânico e não tem significado." Orientei o homem a persistir nessa disciplina mental. "O simples fato de você ter começado a recitar e praticar a afirmação espiritual indica a fé de uma semente de mostarda mencionada na Bíblia. À medida que você perseverar, removerá as montanhas do medo, da escassez e da frustração."

Ao final dos dez dias, ele voltou radiante e feliz. Os filhos o haviam visitado e eles tiveram um alegre encontro. Nesse novo padrão de pensamento, ele ganhou uma pequena fortuna apostando em cavalos e agora está de volta aos negócios. Esse homem descobriu que o poder infinito para a vida perfeita também se aplicava a ele!

Eu sabia que, embora as palavras da prece nada significassem para ele quando começou, à medida que ele continuasse a se deter nelas por inseri-las com frequência na mente, elas se fixariam na sua mente subconsciente e se tornariam parte da sua mentalidade.

"(...) em verdade vos digo: se tiverdes fé, como um grão de mostarda, direis a esta montanha: Transporta-te daqui para lá, e ela o fará; e nada vos será impossível" (Mateus 17:20).

17 Use o poder infinito para relacionamentos harmoniosos

Estou escrevendo este capítulo na bela Maui, uma das ilhas da cadeia que compreende o estado do Havaí. As pessoas aqui costumam dizer: "Você não terá vivido enquanto não visitar o Havaí." Uma das destacadas atrações de Maui é Haleakula, "a casa do Sol", um vulcão extinto que se ergue a mais de três mil metros de altitude. De lá temos uma vista espetacular e um vislumbre da vida nativa tranquila na qual os havaianos ainda lançam redes no mar para pescar o alimento básico e cuidam dos *taro patches*[2] no estilo dos seus antepassados.

    Encontramos nessas ilhas pessoas dos mais diversos grupos étnicos e de diferentes convicções religiosas vivendo juntas em paz e harmonia e desfrutando da alegria do amor divino. O nativo que me conduziu de carro do aeroporto até o Maui Hilton Hotel me disse que os seus antepassados eram uma mistura de irlandeses, portugueses, alemães, japoneses e chineses. Ele ressaltou que as pessoas por aqui fazem casamentos mistos há muitas gerações e que os problemas raciais são desconhecidos.

---

2 Tradução literal "montículos ou canteiros de inhame". (*N. da T.*)

COMO SE RELACIONAR BEM COM OS OUTROS

Uma das principais razões pelas quais alguns homens e mulheres não avançam na vida é a incapacidade de se dar bem com os outros. Eles parecem "tocar" os semelhantes da maneira errada. Não raro a atitude arrogante deles é ofensiva e sem tato. A melhor maneira de você se dar bem com os outros é saudar a divindade no outro e compreender que cada homem ou mulher é um epítome ou exemplo de toda a raça humana. Cada pessoa que caminha sobre a Terra é filho ou filha do Deus vivo; quando respeitamos e reverenciamos a divindade interior, automaticamente veneramos e homenageamos a presença divina na outra pessoa.

COMO UM GARÇOM PROMOVEU A SI MESMO

Enquanto eu visitava uma das cadeias de hotéis no distrito de Koanapali Beach, em Maui, tive uma interessante conversa com um garçom. Ele me disse que, todos os anos, um milionário excêntrico dos Estados Unidos visitava o hotel. Esse visitante era um tipo mesquinho, que detestava dar gorjeta para os garçons e os mensageiros. Ele era intratável, grosseiro, mal-educado e mal-humorado. Nada satisfazia o homem, que se queixava constantemente da comida e do serviço, sendo sempre brusco com o garçom quando este o atendia. O garçom com quem conversei me disse o seguinte: "Percebi que ele era um homem doente. O nosso Kahuna (um sacerdote havaiano nativo) diz que, quando as pessoas são assim, alguma coisa está corroendo as suas entranhas, de modo que decidi matá-lo de gentilezas."

Como a técnica especial funcionou às mil maravilhas

Esse garçom tratou o homem sistematicamente com cortesia, gentileza e respeito, enquanto afirmava em silêncio: "Deus o ama. Vejo Deus nele e ele vê Deus em mim." Ele praticou essa técnica durante mais ou menos um mês e, no final desse período, o excêntrico milionário disse pela primeira vez: "Bom dia, Toni. Como está o tempo? Você é o melhor garçom que já tive até hoje." Toni comentou comigo: "Eu quase desmaiei; estava esperando uma crítica e recebi um elogio. Ele me deu uma nota de quinhentos dólares." Essa foi a gorjeta de despedida desse hóspede problemático, que, ao mesmo tempo, providenciou para que, mais à frente, Toni fosse nomeado gerente adjunto de um grande hotel em Honolulu no qual ele tinha um interesse financeiro.

>E como é agradável uma palavra dita no momento oportuno! (Provérbios 15:23).

A palavra é um pensamento expressado. As palavras daquele garçom (pensamentos) foram dirigidas à alma (mente subconsciente) do hóspede mal-humorado e rabugento, derretendo pouco a pouco o gelo no coração dele, e este respondeu com amor e gentileza. Toni demonstrou que enxergar a presença de Deus no outro e aderir a essa eterna verdade paga fabulosos dividendos nas relações humanas, tanto do ponto de vista espiritual como do material.

"ENTENDER TUDO EQUIVALE A PERDOAR TUDO"

Essa é uma antiga declaração aforística que encerra uma profunda verdade. Tive uma interessante conversa com a diretora social de um dos hotéis de Maui. Ela ressaltou que, de vez em quando, ao dizer para um hóspede "Que dia maravilhoso", o hóspede retruca: "O que você vê de bom nele? Detesto o tempo aqui; na verdade, nada neste lugar me agrada." Ela acrescentou que sabia que esse hóspede específico era emocionalmente perturbado e que estava motivado por alguma emoção irracional. Ela estudou psicologia na Universidade do Havaí, em Honolulu, e se lembrou de ter aprendido que não ficamos transtornados com uma pessoa corcunda, por exemplo, ou que sofra de qualquer outra deformidade congênita evidente; do mesmo modo, não devemos ficar perturbados porque algumas pessoas são corcundas emocionais e têm a mentalidade distorcida e perturbada. Devemos sentir compaixão por elas. Quando compreendemos o caótico estado mental e emocional desses indivíduos, fica fácil não dar atenção às atitudes deles e perdoá-los.

Como o entendimento torna as pessoas imunes à hostilidade

Essa jovem é cordial, amável, cortês e agradável, e aparentemente ninguém consegue deixá-la irritada. Ela desenvolveu uma espécie de imunidade divina e entende perfeitamente que a única pessoa capaz de magoá-la é ela mesma. Em outras palavras, assim como todo mundo, ela tem liberdade para abençoar ou menosprezar a outra pessoa. E ela decidiu abençoar, já que sabe muito bem que a única pessoa que pode feri-la é ela mesma (ou seja, o movimento do seu próprio pensamento, que está sob o seu completo controle).

COMO O SUBCONSCIENTE DE UM MÚSICO PRODUZIU MARAVILHAS

Um jovem músico, que toca um instrumento de cordas à noite para pagar seus estudos na Universidade do Havaí, onde está cursando direito, me disse que havia enfrentado conflitos com alguns dos seus professores e que a sua memória havia falhado durante os exames orais e escritos. Esse rapaz estava tenso e ressentido. Expliquei a ele que a sua mente subconsciente continha uma memória perfeita de tudo o que ele lera e ouvira, mas que, quando a mente consciente está tensa, a sabedoria do subconsciente não ascende à mente exterior.

Ele passou a meditar sobre a seguinte afirmação todos os dias, de manhã e à noite:

> A inteligência infinita na minha mente subconsciente me revela tudo o que preciso saber e sou divinamente guiado nos meus estudos. Irradio amor e boa vontade para os meus professores e estou em paz com eles. Sou aprovado em todos os meus exames na ordem divina.

Três semanas se passaram e eu recebi uma carta dele dizendo que tinha sido muito bem-sucedido no exame especial e que o seu relacionamento com os professores é agora excelente.

Esse jovem músico conseguiu incorporar à mente subconsciente a ideia da memória perfeita para tudo o que precisava saber repetindo a afirmação que lhe sugeri. A sua disseminação de amor e boa vontade foi subconscientemente captada pelos seus professores, resultando em relacionamentos harmoniosos.

COMO UM MÉDICO CUROU A SI MESMO DE UMA RAIVA INCAPACITANTE

A Cratera do Haleakala, que foi um dia uma enorme depressão flamejante, é hoje o remanescente frio de um vulcão violento pontilhado por formações cônicas. Fui visitá-lo com um grupo de pessoas, algumas das quais procedentes de localidades muito diferentes como Denver, Pittsburgh, Austrália e Estocolmo, na Suécia. Me sentei ao lado de um médico australiano e de sua esposa na limusine. Ele me disse que erupções vulcânicas com resultados semelhantes aos da atividade vulcânica que estávamos contemplando haviam ocorrido na sua vida porque ele tinha o hábito de julgar as pessoas com excessiva severidade.

A ideia central da conversa era que ele costumava ficar furioso com o que os colunistas escreviam nos jornais. Ele escrevia cartas venenosas, vingativas e rancorosas para os membros do parlamento, para os dirigentes dos diversos sindicatos etc. Essa efervescência e confusão interior provocaram duas erupções físicas sob a forma de dois graves ataques cardíacos e mais uma erupção vulcânica que se manifestou como um AVC brando.

O homem se recuperou desses ataques e compreendeu que fora ele mesmo que os causara. Enquanto estava no hospital, uma enfermeira lhe sugeriu que lesse o Salmo 91, acrescentando: "Este é o remédio de que você precisa." O médico australiano passou a se concentrar nesse Salmo e, gradualmente, o significado do texto penetrou na sua alma (a mente subconsciente). Ele ressaltou que, depois disso, aprendeu a se adaptar às pessoas, compreendendo que todos somos condicionados de maneira diferente e que este é um mundo de seres humanos imperfeitos que buscam alcançar a perfeição de Deus.

O que significa ser fiel ao eu interior

Aquele médico tinha aprendido, como ele disse, a ser fiel ao Eu divino que existe dentro dele, e a respeitar o mesmo Deus no outro. Nas palavras de Shakespeare: "Acima de tudo sê fiel a ti mesmo; disso se segue, como a noite ao dia, que não podes ser falso com ninguém." Ele aprendera que entender tudo significa tudo perdoar. Ele ainda é intolerante com falsas ideias, mas não com pessoas. Permanece fiel às verdades de Deus e aos eternos princípios.

COMO UM HOMEM RESSENTIDO COM DEUS APRENDEU UMA LIÇÃO

Certo homem com quem fui nadar no mar perto do belo e imponente Maui Hilton Hotel me confidenciou: "Estou aqui para escapar de tudo." Ele começou a criticar todos na sua empresa e até mesmo no governo; ele parecia, inclusive, estar ressentido com Deus. Na verdade, comentou que a sua vida seria bem melhor se Deus simplesmente o deixasse em paz.

Ele me perguntou: "O que posso fazer para ter relações humanas de qualidade e me dar melhor com essas pessoas tão desagradáveis?" Mostrei a ele pesquisas que haviam demonstrado que grande parte da dificuldade que muitas pessoas têm nas relações humanas é o fato de não procurarem a causa dentro de si mesmas. O primeiro passo seria ele se entender com o seu próprio eu problemático. Ressaltei que grande parte dos problemas que ele tinha com os seus funcionários e colegas resultava basicamente dele mesmo e que essas outras pessoas poderiam ser chamadas de causas secundárias.

O homem admitiu que estava cheio de raiva e hostilidade ocultas e profundamente frustrado com suas ambições e planos na vida. Começou a perceber, no entanto, que a raiva reprimida despertava a hostilidade ou raiva latentes nas pessoas à sua volta, e ele sofria por causa da reação delas, ao que ele mesmo produzira. Descobriu que o que chamava de animosidade e hostilidade dos seus colegas e funcionários refletia, em grande medida, a sua própria hostilidade e frustração.

Recomendei então que ele fizesse a seguinte afirmação espiritual, que deveria repetir regularmente com convicção:

Eu sei que existe uma lei de causa e efeito, e o clima que eu gero volta para mim na reação das pessoas, nas condições e nos eventos. Percebo que a confusão e a raiva que tenho dentro de mim desencadeiam a hostilidade e a raiva nos homens, nas mulheres e até mesmo nos animais. Sei que o que quer que eu vivencie precisa ter uma afinidade na minha mente, consciente e inconsciente, porque eu sou aquilo o que penso e sinto, e assim eu vivo, me expresso e me comporto.

Tomo este remédio mental e espiritual várias vezes por dia. Penso, falo e ajo a partir do centro divino existente dentro de mim. Irradio amor, paz e boa vontade para aqueles que me cercam e para as pessoas em toda parte. O infinito se estende em sorridente repouso dentro de mim. A paz é o poder no coração de Deus e o Seu rio de paz inunda a minha mente, o meu coração e todo o meu ser. Eu e a paz infinita de Deus somos um só. A minha mente é parte da mente de Deus, e o que é verdade a respeito de Deus é verdade a meu respeito.

Compreendo e sei que nenhuma pessoa, lugar ou coisa no mundo tem o poder de me desconcertar, irritar ou perturbar sem o meu consentimento mental. O meu pensamento é criativo, e eu rejeito consciente e deliberadamente todas as sugestões e pensamentos negativos, afirmando que Deus é o meu guia, conselheiro e orientador e que Ele zela por mim. Sei que Deus é o meu verdadeiro Empregador e estou trabalhando para Ele.

O meu verdadeiro Eu é Deus e não pode ser magoado, corrompido ou cerceado. Compreendo que fui eu que mais me magoei em virtude da minha autocrítica, autocondenação e autodifamação. Sei que a bondade, a verdade e a beleza me acompanham todos os dias da minha vida, porque vivo eternamente na casa de Deus.

Três semanas depois ele me escreveu, dizendo que a prática da recitação dessas leis mentais e espirituais substituíra o seu estado mental caótico e enraivecido por serenidade, tranquilidade e por uma sensação de imperturbabilidade.

COMO UM EMPRESÁRIO DESENVOLVEU UMA ATITUDE BENÉFICA COM RELAÇÃO ÀS PESSOAS

Tive uma conversa interessante com um empresário japonês no Havaí, que filosofou nos seguintes moldes:

Sou empresário há cinquenta anos e já viajei muito. Aprendi que as pessoas são basicamente boas e honestas. Eu as aceito como são. Todas são diferentes: tiveram uma formação e condicionamento distintos, têm costumes e convicções religiosas diferentes e são resultado da sua formação, educação e pensamento habitual.

Eu sei que me queixar das pessoas e ficar zangado com os clientes não vai mudá-los. Não deixo que eles me perturbem; eu me recuso simplesmente a permitir que qualquer pessoa me deixe irritado. Abençoo a todos e sigo em frente.

Como ele conseguiu receber faturas que não tinham sido pagas

Esse empresário me mostrou uma lista com dez clientes que lhe deviam uma quantia apreciável e que haviam desconsiderado as suas várias tentativas de cobrança, acrescentando: "Venho rezando todos os dias por cada um deles, de manhã e à noite, com o entendimento que Deus os está tornando mais prósperos de todas as maneiras e que Ele os guia, orienta e multiplica os benefícios deles. Rezo com a convicção de que eles pagam de bom grado as suas dívidas e que são honestos, sinceros e abençoados de todas as formas. Comecei a fazer isso há um mês, e oito dos clientes já me pagaram, pedindo desculpas pela demora. Ainda faltam dois, mas sei que estes também vão pagar."

Ele descobriu que, quando modificou a sua atitude mental com relação aos maus pagadores, estes também mudaram.

O SEGREDO DAS BOAS RELAÇÕES

Trate as pessoas com respeito. Reverencie e saúde a divindade na outra pessoa. Irradie amor e boa vontade para todos. Compreenda que ninguém que seja bem ajustado age de maneira litigiosa, hostil, agressiva e mal-humorada. Esteja certo de que em algum lugar existe um conflito mental. Como diz o Kahuna: "Alguma coisa as está corroendo por dentro." Há uma dor psíquica em algum lugar.

Deus é o seu verdadeiro Eu. Ele não pode ser magoado, cerceado ou corrompido de nenhuma forma. Se você encontrar pessoas problemáticas pela frente, entregue-as a Deus, declare a sua liberdade em Deus e deixe que Ele cuide delas. Você se verá então em pastos verdejantes e próximo a águas tranquilas.

18 Colha os benefícios de viajar com Deus

Empreendi recentemente uma turnê de palestras pela Europa, visitando Portugal, França, Inglaterra e Irlanda. Passei primeiro por Nova York e, ao descer do avião, encontrei um velho conhecido, Jack Treadwell, autor da popular obra *The Laws of Mental Magnetism*[3]. Ele me falou a respeito de um idoso que conhecera no hotel onde morava e que estava incapacitado por causa da artrite. Treadwell lhe sugerira que experimentasse a terapia da afirmação, recomendando a seguinte afirmação especial:

> O amor restaurador de Deus está agora transformando cada átomo do meu ser no padrão de saúde, beleza e perfeição de Deus.

O homem afirmou diariamente essas verdades durante dez ou quinze minutos. Trinta dias depois, ele estava caminhando livre, alegre e sem nenhuma dificuldade. Todos os depósitos calcários que causam a artrite foram eliminados. Ele havia decidido viajar com Deus mental, espiritual e fisicamente.

---

3 "As leis do magnetismo mental", livro não publicado no Brasil. (*N. da E.*)

Não há nada de milagroso nessa cura. A presença de cura infinita que criou no corpo desse homem sempre estivera dentro dele, mas ele tinha deixado de usá-la. Jack Treadwell lhe ensinou a despertar esse dom de Deus interior. É isso que a Bíblia quer dizer quando afirma: "Por esse motivo, te faço lembrar que despertes o dom de Deus, que existe em ti..." (II Timóteo 1:6). Quando você anda, fala e viaja com Deus, tudo o que é diferente Dele desaparece da sua mente, do seu corpo e das suas circunstâncias.

COMO VIAJAR COM DEUS

Sempre que viajo ou faço uma turnê de palestras, recito a seguinte afirmação:

> A minha jornada é a jornada de Deus; e todos os caminhos Dele são prazerosos e todos os percursos Dele são pacíficos. Viajo sob a orientação de Deus e conduzido pelo Espírito Santo. Minha avenida é a Estrada Real dos Antigos, o caminho do meio do Buda, o portão estreito de Jesus, a Estrada do Rei, porque eu sou Rei de todos os meus pensamentos, sentimentos e emoções. Envio os meus mensageiros chamados de amor, paz, luz e beleza de Deus na minha frente para tornar o meu caminho reto, belo, jubiloso e feliz. Sempre viajo com Deus, encontrando os Seus mensageiros de paz e alegria aonde quer que eu vá. Eu sei que, quando mantenho os olhos fixos em Deus, nenhum mal invade o meu trajeto.
>
> Enquanto viajo de avião, ônibus, trem, carro ou a pé, a magia de Deus está sempre ao meu redor. Ela é a blindagem invisível de Deus, e eu vou de lugar em lugar livre, alegre e feliz. O Espírito de Deus está sobre mim, tornando todos os caminhos nos céus ou na terra uma avenida para o meu Deus. É maravilhoso!

Por que muitos parecem levar uma vida encantada

Ofereci essa afirmação a centenas de pessoas que viajam para o exterior e elas realmente passaram a levar uma vida encantada ao saturar a mente e o coração com as verdades que a afirmação contém, que penetram na mente subconsciente, e a mente mais profunda responde de forma correspondente. "A tua fé te salvou; segue em paz" (Lucas 7:50).

VOCÊ CONSEGUE ACREDITAR EM MILAGRES?

A minha primeira parada depois de Nova York foi Lisboa. Portugal é uma terra de montanhas pedregosas, planícies ondulantes, fazendas de cortiça e pequenos vilarejos dos séculos XIII e XIV. Aluguei um carro com um guia especial e viajei até o santuário de Fátima com uma sobrinha de Liverpool. O nosso guia explicou a história de Fátima, explicando que a Virgem Abençoada aparecera para três crianças, Lúcia, Francisco e Jacinta, no dia 13 de maio de 1917. Um clarão repentino como um relâmpago as circundara, e, quando olharam para a árvore, viram sobre ela a figura da "Nossa Senhora" mais luminosa do que o Sol. Lúcia perguntara à "Senhora" quem ela era, e a resposta fora: "Eu sou do Céu. Voltem aqui seis vezes nesta mesma hora no décimo terceiro dia de cada mês."

As crianças foram perseguidas e acusadas de estar mentindo; contudo, milhares de pessoas acreditaram nelas, embora somente as crianças conseguissem ver a Virgem Abençoada. Pessoas doentes foram curadas e milagres de cura ocorreram no suposto local da aparição da "Senhora".

A última aparição da "Nossa Senhora" ocorreu no dia 13 de outubro daquele ano. Estava chovendo e um clarão anunciou que a Virgem Abençoada tinha aparecido. Ela previu que a guerra, na época no seu terceiro ano, logo acabaria e fez outros pronunciamentos. O nosso guia informou que, naquele dia, cerca de 40 mil pessoas haviam presenciado a dança do sol. A chuva parou de repente e todas as pessoas caíram de joelhos quando viram o sol circundado por uma coroa reluzente, que pulsava e girava como uma roda de fogos de artifícios.

Uma cura que presenciei

Visitamos a Capela das Aparições. O guia chamou a nossa atenção para uma mulher cuja perna direita estava paralisada. Ela usava muletas e estava acompanhada do filho. Eis como o nosso guia traduziu a oração que ela fazia em português: "Quando eu me ajoelhar no local em que a Virgem apareceu, ficarei curada, Deus seja louvado." Nós a observamos enquanto ela se ajoelhava com um dos joelhos, segurando um rosário na mão. Ela rezou fervorosamente para a Virgem e, mais ou menos quinze minutos depois, nós a vimos se levantar e sair andando da capela, livre e desimpedida, com lágrimas de felicidade nos olhos. A Bíblia diz: "Se podes acreditar, tudo é possível àquele que crê" (Marcos 9:23).

O significado de um milagre

O milagre não é uma violação da lei natural. O milagre não prova o impossível, e sim o que é possível. O milagre é algo que acontece quando introduzimos uma lei mais elevada do que aquelas que as pessoas conheciam antes da ocorrência do milagre.

A causa da cura da mulher

A mulher a que acabo de me referir ficou curada devido à sua crença e expectativa. Ela tinha certeza de que ficaria curada se pudesse estar no lugar onde acreditava que a Virgem tinha aparecido. A crença liberou o poder de cura da sua mente subconsciente! A lei da vida é a lei da crença, e a crença poderia ser resumida como um pensamento na mente. Acreditar é aceitar que alguma coisa é verdadeira. O que quer que a sua mente consciente e racional aceite como verdadeiro gera uma reação correspondente da mente subconsciente, que é uma só com a inteligência infinita existente dentro de você. Foi a fé ou crença cega dessa mulher que a curou.

O PODER INFINITO DE CURA E COMO USÁ-LO

O verdadeiro método da cura espiritual não reside em algum tipo de mágica, como agitar uma varinha, visitar santuários, tocar em relíquias, banhar-se em determinadas águas ou beijar os ossos de santos, mas sim na reação mental da pessoa à presença de cura infinita interior que criou essa pessoa e tudo o que existe no mundo.

A cura espiritual e a cura pela fé não são a mesma coisa

A cura espiritual não é a mesma coisa que a cura pela fé. O curandeiro pode ser qualquer pessoa que cure sem ter qualquer conhecimento ou entendimento científico dos poderes das mentes consciente e subconsciente. Ele pode afirmar que possui um dom mágico de cura, e a fé cega da pessoa nos poderes dele pode produzir resultados.

O terapeuta espiritual precisa saber o que ele está fazendo e por que está fazendo. Ele confia na lei da cura. A lei da mente é aquilo que você imprimir na mente subconsciente e se manifestará de maneira semelhante como forma, função, experiência e eventos.

O SIGNIFICADO DA APARIÇÃO DA VIRGEM ABENÇOADA

A Virgem é com frequência chamada de Maria. A palavra latina "mare" significa mar. A palavra "virgem" significa pura, e "virgin mare" quer dizer mar puro. Significa o aspecto feminino de Deus. No antigo simbolismo, esse aspecto feminino ou mente subjetiva é chamado de Isis, cujo véu nenhum homem pode levantar; de Sofia dos persas; de Diana dos efésios; e também é chamado de Istar Astarte, Mylitta e Maya, a mãe do Buda. O termo "Mãe de Deus" geralmente diz respeito à Madonna. Naturalmente, Deus não tem pai ou mãe. Deus é o princípio vital que nunca nasceu e jamais morrerá. "Mãe de Deus" significa proteger, dar atenção ou alimentar o que é bom na sua mente. Trata-se de uma atitude mental. A "Mãe de Deus", a "Madonna" ou a "Nossa Senhora" é um mito, representando uma verdade psicológica projetada que significa amor, beleza, ordem, a mente que dá à luz Deus ou todas as coisas boas.

As aparições em Lourdes e Fátima foram criações subjetivas da mente?

Se eu o hipnotizasse e sugerisse, enquanto você estivesse no estado hipnótico, que ao sair do transe você veria a sua avó, falaria com ela e esta faria pronunciamentos proféticos para você e para o mundo, a sua mente subconsciente projetaria a imagem da sua avó e você a veria e conversaria com ela. O seu subconsciente emitiria previsões e prognósticos baseados na natureza da minha sugestão. Lembre-se de que existe a memória de uma imagem da sua avó na sua mente subconsciente. Não seria a sua verdadeira avó, que sem dúvida está ocupada na outra dimensão da vida. Você teria simplesmente vivenciado uma alucinação subjetiva. As outras pessoas presentes no recinto onde você foi hipnotizado não conseguiriam ver a sua avó;

você seria o único capaz de enxergar a imagem dela projetada. Em Fátima, foi relatado que somente as crianças puderam ver a Virgem; a multidão não conseguiu avistá-la.

A visão de Bernadette em Lourdes

De acordo com algumas autoridades, o início da vida de Bernadette foi solitário. Ela sofria de crises de asma e de inibição emocional. A excitação e expectativa da sua mente de que ela veria a "Nossa Senhora" atuou como uma sugestão auto-hipnótica, e a sua mente subconsciente projetou a imagem de uma mulher que correspondia à estátua na sua igreja ou à imagem da Virgem no seu livro de orações. As suas experiências parecem ser projetadas de dentro da mente dela. As alucinações se baseiam no condicionamento da nossa mente. Qualquer pessoa que fervorosamente deseje ver um ser santificado pode condicionar o subconsciente a ver o seu conceito da Virgem Maria, ou de qualquer outro personagem, baseado em estátuas, imagens em livros de orações ou pinturas dele.

Por que as profecias aconteceram

A Senhora em Fátima disse a Jacinta e Francisco que eles morreriam devido à gripe e que Lúcia se tornaria freira. Tudo isso aconteceu. Lembre-se de que o seu futuro já está na sua mente, e um adivinho ou médium capaz também é capaz de prever o seu futuro com relativo grau de precisão. O seu futuro é o estado mental atual manifestado, mas por meio da afirmação contemplativa você pode modificar o futuro pensando a partir do ponto de vista dos princípios universais. Mude a sua vida de pensamentos para que ela se torne compatível com a harmonia, a saúde, a paz, o amor, a ação correta e a lei e a ordem divinas e, como diz a Bíblia, todos os seus caminhos serão de afabilidade e todas as suas veredas serão de paz, quando nenhuma previsão negativa poderá se concretizar. Neste caso, foi o subconsciente das crianças que direcionou as previsões para que se realizassem.

A BASE DOS MILAGRES COMO OBSERVADA NA EUROPA

Houve muita confusão, turbulência e agitação durante a minha viagem a Paris, mas fui agradavelmente recebido pela Dra. Mary Sterling e seus colaboradores. Ela é diretora da Unité Universelle, naquela cidade, e traduziu muitos dos meus livros para o francês. A Dra. Sterling tem um grupo de orações no seu centro, e eles obtêm curas incríveis e respostas para as preces. Os pedidos vêm de toda a França. Falei para um grupo muito grande e distinto de homens e mulheres e recebi uma aclamação inesquecível.

A base da cura da cegueira

Certa jovem que compareceu a uma das minhas palestras em Paris me visitou no Hotel Napoleon para falar sobre um problema emocional. Durante a conversa, ela me disse que era de uma das províncias e que, quando veio para Paris, tinha conseguido um emprego de costureira. Os seus empregadores eram cruéis e perversos com ela. A jovem tinha muito ressentimento deles e gradativamente começou a perder a visão. Ela procurou um oftalmologista, que sugeriu que ela desistisse de ser costureira e voltasse para o campo. Ela se recusou a fazer isso e a sua visão piorou ainda mais. Em seguida, ela se consultou com um clínico geral que lhe disse que pedisse demissão do emprego que ocupava e procurasse outro, que a sua mente subconsciente estava tentando impedir que ela enxergasse os seus empregadores e o ambiente desagradável onde trabalhava. Foi exatamente o que ela fez. Encontrou outro emprego no qual se sentiu feliz e a sua visão foi gradualmente restabelecida.

A jovem me confessou que, de fato, detestava olhar para os seus antigos empregadores. Por esse motivo, o seu subconsciente respondeu tomando medidas para que ela não conseguisse enxergá-los ou ao ambiente onde trabalhava. Ela finalmente aprendeu a abençoá-los e seguiu adiante.

No caso da perda da visão, é aconselhável que você pergunte a si mesmo se a sua mente subconsciente não estará fazendo os seus olhos de bode expiatório. O que existe na sua vida que você gostaria de excluir ou eliminar? Tanto a resposta como a solução estão dentro de você.

O seu companheiro divino salvou a sua vida

Uma jornalista francesa foi me esperar no aeroporto de Orly porque os táxis não estavam circulando em Paris devido a uma greve. Ela é uma velha amiga e utiliza constantemente a mesma afirmação que eu uso ao viajar e que incluí na primeira parte deste capítulo. Ela me disse que essa afirmação especial fazia parte dela tanto como o seu cabelo.

No ano passado, ela estava prestes a embarcar em uma viagem para o Norte da África, Grécia e outros países do Mediterrâneo. Certa noite, relatou a minha amiga, apareci para ela em sonho e lhe disse para adiar a viagem, pois o avião no qual ela viajaria iria sofrer um acidente. Ela cancelou a viagem, e o avião de fato caiu. Ela me disse que compreendia a maneira como a sua mente mais profunda funcionava (ou seja, que a mente subconsciente projetava a imagem de uma pessoa em quem ela confiava e obedeceria). Na verdade, foi a sua presença divina interior que a protegeu. O seu companheiro divino zelava por ela em todos os seus caminhos. Essa é a presença de Deus em todos nós. "Eu, o Senhor, me farei conhecer a ele em uma visão, e falarei com ele em sonhos" (Números 12:6).

COMO USAR O PODER DA MENTE SUBCONSCIENTE PARA FAZER FORTUNA

A Dra. Mary Sterling me informou que a venda da sua tradução francesa de *O poder do subconsciente* está superando todas as expectativas e que muitas cartas estão chegando ao seu santuário na 22 Rue De Douai, em Paris, testemunhando curas extraordinárias e respostas às preces. Um homem parisiense me disse que tinha feito uma fortuna seguindo uma técnica descrita na edição francesa do meu livro que envolvia afirmar repetidamente durante cerca de dez minutos antes de dormir: "A riqueza é minha; a riqueza é minha agora" até pegar no sono. Ele conseguiu impregnar a mente por meio da repetição e declarou que, depois disso, passou a dar a impressão de ter o toque de Midas em tudo o que tocava; construiu uma fortuna. Em certa ocasião, ganhou o equivalente a 60 mil dólares na loteria. Esse parisiense acredita sinceramente no poder do seu subconsciente para guiá-lo, orientá-lo, curá-lo e inspirá-lo, e este último respondeu de acordo com a crença do homem.

SEMPRE EXISTE UMA RESPOSTA

Quando eu estava viajando de Paris para Londres para dar uma serie de palestras no Caxton Hall, em Londres, e também no Bournemouth, um resort à beira-mar no sul na Inglaterra, uma jovem francesa se sentou do meu lado e declarou: "Estou indo a Londres para ouvir as suas palestras porque quero saber mais a respeito dos poderes da minha mente. Durante as suas palestras em Paris, você disse que o que quer que gravássemos na mente subconsciente se evidenciaria e seria concretizado."

Essa jovem frequentava a escola e não tinha dinheiro próprio. Antes da viagem, ela decretara: "Vou a Londres na ordem divina para ouvir uma série de palestras do Dr. Murphy e tudo será providenciado pela minha mente mais profunda."

Por acaso ela mencionou para o irmão, que trabalha como médico em Paris, o seu interesse pela mente subconsciente, e ele lhe disse: "Por que você não vai a Londres assistir à série de palestras?" Ele deu então à irmã cerca de dois mil — mais do que o suficiente para a viagem —, embora anteriormente ela pensasse que o irmão era adverso a esse ensinamento.

É impossível descobrir os métodos do subconsciente. Aquela jovem percebeu, como milhares de outros o fizeram, que sempre existe uma resposta. "Pedi, e vos será dado; buscai, e achareis; batei, e vos será aberto" (Mateus 7:7).

Como uma pessoa ganhou três vezes o Derby inglês

Durante uma das minhas palestras no Caxton Hall, em Londres, local onde mais ou menos a cada dois anos venho fazendo uma série de conferências nos últimos vinte anos, e situado em uma área na qual tenho muitos amigos, um jovem se dirigiu a mim: "Espero que você não ache que estou usando a minha mente da maneira errada, mas, três meses antes da nossa corrida anual do Derby, afirmo o seguinte todas as noites antes de dormir: 'O vencedor do Derby é', e pego no sono com a palavra 'vencedor', sabendo que o meu subconsciente revelará para mim a resposta." Durante três anos consecutivos ele viu o vencedor em um sonho na véspera da corrida, e no ano passado apostou mil libras, o que lhe rendeu uma boa quantia. O subconsciente respondeu à fé desse jovem nos seus poderes. Essa visão antecipada da corrida é chamada de precognição, que é uma faculdade da mente.

Expliquei para ele que o subconsciente é amoral; ele é uma lei, e as leis não são nem boas nem más. Isso depende da maneira como nós as usamos. Não há nada errado em ver no subconsciente as questões de uma prova antes de fazê-la, e também não há nada errado em ver o vencedor de uma corrida de cães ou de cavalos antes do páreo. Existe apenas uma mente subjetiva, e esta está no cachorro, no gato e também em todas as outras coisas.

COMO A DISSOLUÇÃO DA CULPA CUROU UMA ULCERAÇÃO NO BRAÇO DE UM HOMEM

Um jovem cirurgião me visitou no St. Ermine's Hotel, perto do Caxton Hall, o auditório onde eu estava dando as palestras. Ele tinha acabado de ouvir uma das minhas conferências sobre "Por que você pode ficar curado". O rapaz me mostrou uma grande ulceração no seu braço. Já tentara em vão os mais diferentes tipos de terapia, mas a ferida não respondia a nenhum tratamento. Perguntei o que ele tinha feito com a mão direita que poderia ter causado uma sensação de culpa e ele respondeu, com sinceridade e tristeza: "Quando eu era médico residente, fiz vários abortos por razões financeiras. De acordo com a minha religião, isso é assassinato, e eu me sinto culpado e cheio de remorso." Eu questionei: "Você faria isso agora?" Ele respondeu: "Claro que não. Agora eu ajudo a curar as pessoas."

Eu lhe disse que ele estava punindo a si mesmo, que o homem que fizera aquelas operações não existia mais. Ele estava completamente mudado mental, emocional e espiritualmente, de modo que estava na verdade condenando um homem inocente. Deus não condena ninguém, e, quando perdoamos a nós mesmo, somos perdoados. Na realidade, a autocondenação é o inferno e o autoperdão é o céu.

O cirurgião entendeu imediatamente o argumento. O passado estava morto. Ele se considerou inocente. Antes do final da minha semana de palestras, ele me mostrou a mão e o braço, que tinham ficado completamente curados.

Paulo disse: "(...) mas uma coisa eu faço: esquecendo-me das coisas que ficaram para trás e avançando para as que estão adiante, prossigo para o alvo, para o prêmio..." (Filipenses 3:13-14).

"KEVIN DOS MILAGRES"

Glendaloch é tradicionalmente conhecido como o local das "Sete Igrejas" na Irlanda. São Kevin passou lá cerca de quatro anos de incrível austeridade, vivendo de ervas, raízes e frutinhas silvestres colhidas localmente. Ele nasceu em 498 e faleceu em 618. É chamado de "Kevin dos Milagres".

Um agricultor local foi acidentalmente atingido no olho por uma pedra. O homem perdeu a visão no olho afetado e estava sofrendo uma dor terrível. São Kevin tocou no olho ferido ao mesmo tempo que fez uma fervorosa invocação a Deus. O ferimento ficou imediatamente curado, o fluxo de sangue cessou e a dor desapareceu. A visão do homem foi restaurada. Dizem que esse milagre foi presenciado por muitos membros da comunidade, que, em consequência disso, ficaram consideravelmente edificados.

Um local de peregrinação

A visita à cama de São Kevin é parte essencial da peregrinação a Glendaloch. A cama é uma cavidade na rocha situada a quase dez metros acima do nível da água. Uma promessa tradicional garante que aqueles que conseguirem subir à cama de São Kevin alcançarão o seu mais precioso desejo. Um desejo adicional é assegurado àqueles que decidirem se sentar na cadeira de São Kevin.

A minha irmã me acompanhou nessa peregrinação a São Kevin, e nós conversamos com uma mulher que tinha vindo de Killarney para a peregrinação. Ela nos contou que, alguns anos antes, estivera nos estágios terminais de câncer; o seu guia a ajudara a alcançar a cama de São Kevin na rocha e lá ela rezara para o santo. Alguns dias depois, ela sentiu que estava curada, e, depois de fazer uma biópsia e exames de raios X, os médicos concluíram que ela estava livre do câncer. Ela disse que isso tinha ocorrido cinco anos antes e que agora estava forte, vigorosa e sadia.

O poço de São Kevin

Uma multidão de turistas se reunia em volta de um poço. O guia apontou para quatro reentrâncias na rocha feitas por dedos, que supostamente pertencem a São Kevin. Era pedido aos visitantes que colocassem a mão (esquerda) na pedra, encaixando os dedos exatamente nas fissuras da rocha, e que depois a introduzissem no poço ao lado e fizessem uma prece ou pedido específico. A crença tradicional é a de que o pedido será concedido pela mediação de São Kevin.

Como um homem ficou curado da artrite nas mãos

Um idoso que estava perto da rocha nos relatou que três anos antes as suas mãos haviam ficado de tal maneira incapacitadas pela artrite que estavam deformadas. Ele tinha seguido as instruções e colocado a mão na pedra e depois no poço, implorando a São Kevin que o curasse. E concluiu dizendo: "Fiquei curado. Olhem agora para as minhas mãos." Estavam perfeitas.

COMO TODAS ESSAS CURAS ACONTECEM?

Emerson diz o seguinte: "Existe uma mente comum a todos os homens individualmente. Todo homem é um conduto para o mesmo e para tudo do mesmo. Aquele que é uma vez admitido ao direito da razão é tornado um homem livre de todo o estado. O que Platão pensou, ele pode pensar; o que um santo sentiu, ele pode sentir; o que aconteceu a qualquer homem, ele pode compreender. Aquele que tem acesso a essa mente universal é um protagonista de tudo o que é feito ou pode ser feito, porque este é o único agente soberano."

Por exemplo, se um eletricista estiver buscando respostas para problemas elétricos ou eletrônicos, toda a engenhosidade, conhecimento, pesquisas, descobertas e sabedoria de Edison, Faraday, Marconi e outros estão no repositório da mente universal, e todos podem entrar em sintonia com o conhecimento e a sabedoria deles. Qualquer música jamais tocada por Bach, Beethoven ou Brahms está armazenada e depositada na mente subjetiva universal, que anima a todos nós. Qualquer músico pode entrar em sintonia com esse reservatório e recorrer a ele, pois ele está instantaneamente disponível para todos. Os santos e santas mencionados da literatura religiosa são homens e mulheres que se ergueram acima dos seus problemas e se apropriaram de mais divindade do que outros. Eles subiram a um ponto mais elevado de conscientização espiritual, e a sua consciência de cura e vitórias sobre todos os tipos de doenças físicas e mentais está depositada no banco universal chamado de mente subconsciente universal.

Em consequência, quando o irlandês rezou para São Kevin, a sua imaginação foi estimulada, a sua consciência elevada com fé e expectativa, e ele se sintonizou com as vibrações de cura que estão sempre presentes na mente universal. A prece funcionou para ele porque a sua mente estava repleta de fé e expectativa. A sua profunda devoção, que era superabrangente, impressionou a sua mente subconsciente e a cura se seguiu.

Qualquer coisa na qual você concentre a atenção durante um tempo suficiente para que ela fique gravada no subconsciente será, por sua vez, demonstrada na sua experiência. Essa é a explicação para os chamados milagres que ocorrem naquela rocha e naquele poço.

Este livro foi composto na tipografia Palatino
LT Std, em corpo 11/16,5, e impresso em
papel off-white no Sistema Cameron da
Divisão Gráfica da Distribuidora Record.